왜, 손님들은
그 가게로
몰릴까?

왜, 손님들은 그 가게로 몰릴까?

초판 1쇄 발행 _ 2019년 3월 1일
초판 2쇄 발행 _ 2019년 5월 15일

지은이 _ 남윤희

펴낸곳 _ 바이북스
펴낸이 _ 윤옥초
책임 편집 _ 김태윤
책임 디자인 _ 이민영

ISBN _ 979-11-5877-080-8 03320

등록 _ 2005. 7. 12 | 제 313-2005-000148호

서울시 영등포구 선유로49길 23 아이에스비즈타워2차 1005호
편집 02)333-0812 | 마케팅 02)333-9918 | 팩스 02)333-9960
이메일 postmaster@bybooks.co.kr
홈페이지 www.bybooks.co.kr

책값은 뒤표지에 있습니다.
책으로 아름다운 세상을 만듭니다. — 바이북스

불황에도 돈을 부르는 장사 마인드

왜, 손님들은 그 가게로 몰릴까?

남윤희 지음

바이북스
ByBooks

성공은 움직이는 자에게 찾아온다

대리점 사모님이 애교 섞인 푸념을 늘어놓았다.

"장사가 안 돼 속상해 죽겠어요. 다른 매장은 어때요? 이놈의 경기는 왜 이리 안 좋은지, 정치하는 사람들은 대체 뭘 하는 거야!"

속풀이를 한참 들어드린 뒤 매장 안을 찬찬히 살펴보았다. 그러고는 디스플레이 되어 있는 침대 세트가 눈에 거슬려 새것으로 바로 교체해드렸다. 이어서 다음 달 판촉 활동 계획을 설명드렸다. 그러던 중 손님이 들어왔는데, 그 손님은 새 침대 세트에 눈길을 주었다. 조금 전 내 손길로 예쁘게 모양을 잡고 소품을 활용해 아기자기하게 꾸며 놓은 그 침대 세트 말이다. 고맙게도 손님은 그 자리에서 침대 세트 구입을 결정했다. 나는 사모님의 매장에 조금이나마 도움을 준 것 같아 마음이 좋았다.

나는 〈이브자리〉에서 점포 컨설팅을 담당하고 있는 사람이다. '컨설팅'이란 용어가 다소 거창하게 다가올지 모르겠는데, 쉽게 말해 전국 400개 매장을 다니며 점주들에게 교육과 설득과 제안으로 힘과 용기를 불어넣어 주는 것이 나의 일이다.

나도 한때 〈이브자리〉 대리점을 10년 동안 운영했었다. 그 10년 내내 천국과 지옥을 왔다갔다 했다. 장사가 잘되면 금방 부자가 될 것 같아 천국에 올랐고, 장사가 잘 안 되면 곧장 망할 것 같아 지옥에 떨어졌다. 장사라는 것이 그렇게 사람을 들었다 놓았다 한다.

아무튼 10년 동안 단맛 쓴맛 다 맛보면서 장사하는 사람의 사정을 누구보다도 잘 알게 되었다. 그래서 작게나마 힘이 되어드리고 싶었다. 이것이 내가 펜을 집어든 이유다.

사실 나는 새파란 시절에 디자이너로서 〈이브자리〉와 처음 인연을 맺었다. 그 후 회사를 나와 이불 공장 운영, 문화센터 강사 등의 경력을 쌓으며 삶을 개척했다. 그리고 대리점 사업에 뛰어들었다. 그렇게 10년을 보냈는데, 어느 날 회사에서 솔깃한 제안을 건넸다. 다시 입사해 대리점을 돕는 일을 맡으라는 제안이었다. 그때 내 나이 쉰둘, 33년 전 디자이너로서 맺은 인연을 기억해준 회사에 고마움이 앞섰다. 나는 새로운 기회라 여기며 회사의 제안을 받아들였다. 그동안 쌓은 경험으로 회사가 맡긴 일을 잘해

낼 자신감도 조금은 있었기에 욕심을 낼 수 있었다.

그러나 막상 일을 시작하니 만만치가 않았다. 대리점 사장님들의 노하우는 하늘을 찌를 듯 성장해 있었는데, 나는 제자리걸음을 걷고 있는 것만 같았다. 사내에서는 뛰어난 기획력과 업무 능력으로 무장한 젊은 직원들 틈바구니에서 버텨내는 것조차 힘겨웠다. 한마디로 누구를 돕기는커녕 내가 도움을 받아야 할 형편이었다.

'다시 퇴사해서 대리점을 할까?'

나는 이런 걱정에 쿵 부딪혔다. 하지만 자존심이 있는지라 걱정과 불안에 무릎 꿇지 않았다. 컴퓨터 학원도 등록하고, 등한시했던 독서에 열을 올리고, 온갖 강의를 바지런히 찾아다녔다. 그렇게 내 자신을 채찍질하자 몰랐던 한 가지를 깨닫게 되었다. 바로 성공한 사람들의 성공 노하우였다. 많은 사람들이 '머리'보다는 '행동'으로 성공했다는 사실이었다.

주변에 장사하는 사람이 참 많다. 그러나 안타깝게도 끝까지 파지 못하고 포기하는 사람이 부지기수다. 젊은 친구들의 경우 더욱 그러하다. 조금만, 아주 조금만 더 가면 성공이 보이는데 멈춰버리는 모습을 보면 아쉬움이 물씬 배어난다. 그리고 "나도 그랬었는데……" 하며 지난날의 나를 돌아보게 된다.

여러분이 어제의 나와 똑같은 실수를 저지르지 않기를 바란다. 그래서 많이 부족하지만 엄마의 마음으로 조심스레 이 글을 내민다. 나를 성장하게 만든 이야기를 허심탄회하게 전한다. 여러분이 이 소박한 이야기에서 한두 개라도 성장의 씨앗을 주웠으면 하는 바람이다.

남윤희

차례

행동하는 습관이 나를 살린다

큰 변화를 일으키는 작은 움직임

chapter 3

나보다 잘되는 사람들의 성공 노하우

chapter 4

나를 일으켜 세운 비밀

장사의 품격을 높이는 성공 마인드

대박을 꿈꾸는 사람에게 추천하는 성공 습관

불황에 살아남는 생존 노하우

chapter 1

행동하는 습관이
나를 살린다

책을 읽고 움직이고, 움직이고 성장하다

"장사는 그만큼 했으면 충분하니, 다시 입사해서 대리점을 위해 일하는 게 어때요?"

회사의 제의에 나는 '이 나이에 무슨?' 하고 웃어넘겼다. 그런데 점점 '해도 되겠지?' 하는 마음이 꿈틀거렸다. 수십 년 전 디자이너로서 회사에 몸담은 적 있지만, 그저 옛정 때문에 나를 부르지는 않았을 터였다. 때는 2012년. 52세의 아주머니를 탐내는 기업이 우리나라에 얼마나 있겠는가.

나는 마음을 고쳐먹고 씩씩하게 회사에 재입사했다. 젊은 직원들과의 경쟁이 두려웠지만, 대리점 10년 운영, 이불 공장 운영, 생산 총괄, 문화센터 강사 등의 경험이 용기를 심어 주었다. 나의 경력을 회사가 가치 있게 여긴다는 믿음이 있었다.

그런데 회사를 다니자마자 나의 무능력과 무식함이 알몸을 드러냈다. 기초적인 컴퓨터 프로그램도 제대로 못 다루니 똑똑한 후배들과는 애초 경쟁이 안 되었다. 회사 생활은 나날이 버거워졌고, 나는 낭떠러지로 떨어지기 일보직전까지 가고 말았다. 다행히 자존심만은 희미하게나마 붙잡고 있었는데, 그 가냘픈 자존심이 나를 벼랑 끝에서 건져주었다.

'고민만 하지 말고 날 성장시킬 수 있는 방법을 찾아보자!'

두 눈을 크게 뜨고 성장의 비결을 찾아 헤맸다. 그러다가 막연히 오랜 세월 등지고 있던 독서를 다시 시작했다. 그런데 아뿔싸! 노안 탓에 책장을 서너 장 넘기기도 어려웠다. 집중하려 애쓰면 하품만 쩍 나오고, 금방 읽은 내용도 돌아서면 싹 잊어버리고, 정말 가관이었다. 책 한 권 떼는 데 자그마치 반년이나 걸렸으니 무슨 말을 더 하겠는가.

독서는 이대로 실패일까? 쓸쓸히 자문하던 나는 우연히 《독서천재가 된 홍 대리》라는 책을 만나게 되었다. 신기하게도 그 책은 4일 만에 해치울 수 있었다. 더구나 이 독서를 통해 '책은 이렇게 읽는 거구나!' 하는 방법도 조금 터득했다. 아무튼 이 일을 계기로 나는 저자 강의도 찾아가게 되었고, 3P자기경영연구소에서 운영하는 독서 모임에도 참여하게 되었다. 내가 '움직이는 삶'을 살게 된 것이다. 그런 이유로 《독서천재가 된 홍 대리》는 '내 생애 고마운 책'이라는 타이틀과 함께 '1번'이라는 명예를 얻었다. 이 독특한 시상식 이후 나는 읽은 책마다 번호를 매긴다.

책을 만나고 나서부터 세상이 보이기 시작했다. '책 속에 무슨 길이 있어?' 하며 비아냥거리던 내게 말도 안 되는 변화가 일어난 것이다. 나는 책이 시키는 대로 했고, 책 한 권에서 한 가지씩은 배워가자는 마음가짐으로 살아갔다. 자기계발로 성공한 사람들, 장사로 성공한 사람들의 책은 더 열심히 읽었다. 내 본업이 전국 400개 대리점을 활성화시키는 일이니까.

책에 매달리고 덤벼드는 자세는 내 자신 업무를 대하는 자세도 바꿔놓았다. 발품을 팔아 매장을 방문하는 일에 더 열정을 쏟게, 대리점의 이야기에 더 귀를 기울이게 만들었다. 특히 대리점 사장님과 사모님들의 성공담 혹은 실패담은 그야말로 살아 있는 책이었다. 그 생생한 책 속에는 싱싱한 노하우가 담겨 있었다.

나는 간단한 생필품을 사러 갈 때도 장사 잘하는 방법이 있나 기웃거리기 시작했다. 배달 음식을 시켜먹을 때조차도 배달원에게 배울 것이 있나 주의 깊게 살폈다. 이러한 자세는 오십대 아줌마를 멋진 점포 컨설턴트로 자연스레 거듭나게 했다.

'아! 이렇게 나를 성장시키면 되겠구나!'

나도 모르는 사이 성장의 비결이 눈앞에 다가와 있었다.

육십을 코앞에 둔 나이에 뭘 그렇게 일을 벌이며 살까? 그냥저냥 대리점이나 운영하며 살면 되지. 누군가는 이런 시비를 걸어올지도 모르겠다. 그러나 나는 움직여야만 할 처지였다. 아이를 못 낳다가 늦게 얻은 아들도 키워야 했고, 갚아야 할 빚도 있기 때문이다. 여하튼 나는 움직일 수 있는 동력을 책을 통해 얻었다. 책은 내게 지식만을 주지 않았다.

사실 책을 읽을수록 불안감도 많이 느꼈다. '내가 이렇게 모르는 게 많았나?' 하는 생각에 안절부절못했다. 그 초조함이 나를 가만 내버려두지 않았다. 나는 뭔가를 해야 한다는 부담에 끊임없이 시달렸다. 하지만 결국 그 시달림은 나를 일으켜 세웠다. 쉰여덟이란 나이에도 불구하고 세상과 당당히 맞설 수 있는 힘을 주었다.

본격적으로 독서를 시작한 때는 2016년 9월 1일이다. 지금까지 읽고 번호를 매긴 책이 159권. 누군가에게는 비웃음을 살 만한 적은 양일 수도 있다. 하지만 159권의 책은 성장을 향한 몸부림의 흔적이기에 나는 손톱만큼도 부끄럽지 않다. '159'는 크고 작음을 비교할 수 없는, 나에게 절대 가치를 지닌 수치이다.

지금 하고 있는 일이 잘 안 풀리는가?

장사가 바닥을 쳐 살맛이 안 나는가?

이직은 꿈도 못 꾸는데 직장에서 물러날 처지에 놓여 있는가?

그렇다면 지금 당장 고민에 관한 책을 열 권만 읽어 보기를 바란다. 다시 움직일 수 있는 힘을 얻을 수 있을 것이다. 미약하나마 변화를 모색할 수 있을 것이다.

나는 독서를 처음 결심했을 때 예쁜 새 책장을 마련했다. 그러고는 "기다려! 내가 읽은 책으로 너를 다 채울게!" 하고 큰소리를 쳤다. 2년이 지난 지금 곧 빽빽이 채워질 순간을 앞두고 있다. 나의 노력, 변화, 성장으로 채워지고 있는 책장을 보고 있으면 좋아도 너무 좋다. 그저 행복하다.

이와 같은 행복을 여러분과 함께 누렸으면 좋겠다.

2.

인상 쓰는 웃음 강사가 전하는 웃음의 비밀

어느 날 《대한민국 독서혁명》의 저자 강규형 대표가 운영하는 '독서포럼 나비'에서 문자가 왔다. 웃음에 관한 저자 강의에 참석을 권하는 내용이었다. 그런데 강의 시간이 토요일 오전 6시 40분이었다. 그 시절 나는 토요일 오전마다 열리는 직원들 사이의 달리기 모임에 부지런히 개근하고 있었다. 달리기 모임 시간 역시 공교롭게도 오전 6시 40분. 저자 강의를 들으려면 달리기 모임에 빠져야만 했다.

나는 고민 끝에 강연장으로 달려갔다. 달리기 모임은 매주 있으니 한번쯤 저자 강의를 들어보는 것도 좋은 경험이 될 것 같았다. 그런데 강연장에 들어서는 순간 깜짝 놀랐다. 그 토요일 새벽에 100명이 훨씬 넘게 앉아 있는 풍경이 꿈처럼 다가왔다.

'다들 열심히 사는데, 난 그동안 뭐했지?'

나는 부끄러운 속마음을 숨긴 채 강의가 시작되기만을 기다렸다. 이윽고 인상 좋은 강사가 활짝 웃으면서 등장했다. 바로 《웃어라》를 쓴 황태옥 저자였다.

황태옥 저자의 삶은 어찌 보면 웃음과는 거리가 멀었다. 뇌하수체 종양, 갑상선암 같은 병마에 웃을 여유가 없었던 것이다. 한때 나쁜 마음도 먹었다던 그는 절박한 심정에 인터넷을 검색하다가 "웃음은 암도 이길 수 있다"라는 글을 발견했다. 저자는 그 길로 웃음 협회를 찾아가 웃는 법을 배웠다. 매일 일부러 웃고, 이불을 뒤집어쓴 채 미친 사람처럼 웃어댔다. 그렇게 병원 치료와 웃음 치료를 병행한 끝에 다행히 병마를 이겨냈고, 웃음을 전하는 웃음 전도사로 새 삶을 살게 되었다.

황태옥 저자의 강의를 듣고 나는 그 자리에서 책을 샀다. 집에 오자마자 책의 첫 장을 펼쳤고, 이틀 만에 마지막 책장을 넘겼다. 그리고 그 순간부터 나는 의식적으로 웃음을 연습했다. 그런데 평생 인상만 쓰고 살아온 탓인지 일부러 웃는 게 참 고역이었다. 웃고 나면 혼자 있는데도 어색하고 창피했다. 아들이 눈치 챌까 조마조마하기도 했다. 그래도 암도 고치는 웃음인데 포기할 수 없었다. 나는 마음을 다잡고 웃음 연습에 전념했다. 차를 탈 때면 큰 소리로 박장대소 한 번 하고 출발했고, 목적지에 도착하면 역시 박장대소를 시원하게 터뜨린 뒤 차에서 내렸다. 아마도 누가 봤다면 미쳤다고 손가락질했을 것이다.

웃음 연습을 시작한 지 정확히 20일 후인 11월 25일. 그날은 일요일, 직원들과의 정기적인 불암산 산행을 떠난 날이었다. 암벽을 타고 등반을 하다가 중턱에서 한 신입사원이 생수병을 떨어뜨렸다. 그 생수병은 아래로 데굴데굴 굴렀고, 모두들 위험하다며 주위를 환기시켰다. 그런데 정작 위험을 초래한 신입사원과 다른 직원 한 명은 까르르까르르 웃는 게 아닌가. 나는 그 모습이 너무 웃기고 기가 막혀서 얼떨결에 같이 웃었다. 그러다가 웃음 강의 때 배운 웃음을 제풀에 흉내 냈다. 그러자 몇 십 명에 달하는 직원들이 한꺼번에 배꼽을 잡으며 난리부르스를 쳤다. 하나같이 나를 보고 웃고 있었다. 웃는 내가 웃겨 보였던 것이다.

나는 회사 안에서 인상을 잘 쓰는 사람으로 3등 안에 든다. 늘 얼굴을 찌푸리고 다녀 미간에 두 줄이 뚜렷하게 그어져 있다. 그 두 개의 줄은 어찌나 뚜렷한지 말만 해도 살아 움직인다. 덕분에 가뜩이나 안 좋은 내 인상은 한층 더 구겨지고 만다. 그런 사람이 갈갈갈 웃고 있으니 얼마나 신기했겠는가. 사장님도 내가 웃는 게 믿기지 않는지 다시 한 번 웃어보라고 했다. 나는 고분고분 신나게 웃어줬다. 그러자 직원들이 또 뒤집어졌다.

그 웃음 사건 이후 나는 회사에서 제일 잘 웃는 사람으로 소문이 났다. 소문이 나날이 커지는 바람에 나도 모르는 사이 웃음 전도사라는 역할까지 주어졌다. 직원들이 여럿 모이는 곳마다 달려가서 웃음 강의를 해야만 했다.

'웃음 전도사 남윤희 실장'

나는 이 직함을 달고 비전 워크숍, 월말 마감 회의, 연말 시상식, 신규 대리점 교육, 전국 대리점 품평회 등의 자리에 불려다녔다. 나는 회사에서 인정을 받은 것이다. 잘 웃은 덕분에 말이다. 나 자신조차도 믿기 어려운 변화였다.

태어날 때부터 주어진 강한 외모, 원래 잘 안 웃는 성격. 이런 '신체조건'으로 어떻게 10년 동안 장사를 했을까? 지금 생각하면 참 아찔하다. 그때 많이 웃고, 밝게 웃고 지냈더라면 장사에서 대박을 쳤을지도 모르겠다.

대리점 컨설턴트로 일하는 지금은 예전보다 눈에 띄게 좋아졌다. 그래도 많이 부족하다. 여전히 회사에서 "실장님! 웃음 강사이시면서 왜 이렇게 인상을 쓰고 계세요?"라는 말을 들을 정도니까. 그래서 나는 웃음 연습에 오늘도 부지런을 떤다.

웃음은 삶에 선물을 준다고 믿는다. 황태옥 저자가 겪었고, 또 내가 체험했다.

여러분은 얼마나 웃고 사는지 궁금하다. 이유를 막론하고 웃음 운동을 시작해 보기를 바란다. 사람도 살린 웃음 아닌가. 가족과 친구, 동료들에게 웃음을 전해 보자. 삶이 사랑으로, 행복으로 가득 채워질 것이다.

3.

끝까지 간다, 끝까지 가자

    스스로의 성장에 목말라 하던 시절, 아는 지인들을 통해 유명 강사들의 저자의 강연을 찾아다니곤 했다. 어느 날 나는 강연장에 들어서면서 '웬일이니!'를 외쳤다. 나처럼 지식에 갈증을 느끼는 사람이 너무나 많다는 사실에 놀라서였다. 이어서 강연장을 둘러보다가 '이럴 수가!'를 외쳤다. 나만큼 나이 많은 사람이 보이지 않아 당황해서였다. 강연장은 젊은이들로 가득했는데, 인생의 이른 시기부터 열심인 젊은 친구들과 내가 과연 경쟁이 될까 싶었다. 생각이 꼬리에 꼬리를 물어, 우리 회사 젊은 직원들도 이들처럼 남몰래 노력하고 있겠지 하는 생각에 몸과 마음이 긴장됐다. 그리고는 뜬금없이 아들 걱정까지 밀려왔다.

    그날 나는 열성적으로 강의를 들었다. 덕분에 소중한 한 가지를 배웠다. 집에 오는 길, '내가 배운 것을 어떻게 대리점에 전하면 좋을까?' 하는 고민에 머리가 살짝 복잡했지만, 발걸음은 나비처럼 가벼웠다. 배운 것을 전해줄 수 있는 사람이 있다는 건 참 기분 좋은 일이다.

치열한 장사 현장에서 장사 원리의 틀을 잡아나가기 위해 해나아가야 할 것을 하나하나 기록하고, 그 강의에 공감하면서 우리 대리점에 어떻게 적용하여 전해야 할지 궁리하고 정리했다. 장사를 할 때 반드시 지켜야 할 법칙, 주인이 없어도 저절로 돌아가는 시스템을 만드는 방법, 세부 원칙을 만들 때 명심해야 할 점, 손님을 대하는 방법 등을 활용하고 전달하는 걸 정리했다.

나는 책을 읽든, 강의를 듣든 끝까지 간다. 책이 어려워도, 강의가 지루해도 끝장을 보면 무엇이든 하나는 얻을 수 있다는 신념 때문이다. 적어도 지금까지는 이 신념이 나를 배반한 적 없다. 책이나 강의가 구미에 안 당길 경우 '시간 낭비'라 생각하고 중도 포기하는 사람이 많은데, 생각을 조금만 바꾼다면 뜻밖의 성과를 얻을 수 있을 것이다. 끝을 보겠다는 마음이야말로 귀중한 배움의 자세라고 나는 믿는다.

배움에서 '끝장 보기'가 어렵다면 지갑을 여는 것도 좋은 방법이다. 내가 몸소 겪은 체험이 중요한 근거다. 나는《최고의 글쓰기 연습법 베껴 쓰기》를 지은 송숙희 저자를 만난 적이 있다. 문서 작성 솜씨가 모자라서였다. 저자는 저서 제목대로 최고의 글쓰기는

'베껴 쓰기'라고 알려주면서 신문의 칼럼을 베껴 쓰기를 권했다. 나는 다음날부터 신문을 신청해 매일 칼럼 한 편 베껴 쓰기를 실천했다. 워낙 바쁜 탓에 칼럼만 베낀 뒤 신문은 고스란히 재활용품 수거함에 집어던졌다. 석 달이 지나자 매월 15,000원 하는 신문값이 아까운 생각이 들었다. 그래서 신문 구독을 끊고, 칼럼은 컴퓨터로 출력했다.

그런데 이게 웬일인가! 내 돈 주고 신문을 볼 때는 절대 칼럼 쓰기가 밀린 적이 없었는데, 출력물은 한 장 한 장 쌓이기 시작한 것이다. 하루에 한 번 칼럼 쓰기가 며칠에 한 번으로 변해버렸다. 그때 나는 한 가지를 뼈저리게 깨달았다.

'공짜는 쉽게 포기하게 되는구나!'

결국 칼럼 쓰기는 3개월 보름 만에 보기 좋게 막을 내렸다.

칼럼 쓰기 실패는 2017년 1월에 겪은 아픈 추억이다. 1년 8개월이 지난 지금 이 추억은 나를 더욱 아프게 한다. 덜컥, 책 쓰기에 덤벼든 지금 말이다. 글 쓴 경험도 없고, 학창 시절 국어 점수는 엉망이었고, 독서량도 턱없이 부족한 내가 칼럼이라도 열심히 베꼈다면 책 쓰기의 고통이 한결 덜했을 텐데……. 1년 8개월 동안 칼럼 쓰기를 지속했더라면 지금 머리에 쥐가 나는 고통만은 피해갔을지도 모른다. 하늘이 준 기회를 제 발로 뻥 차버린 것이니 다름없다.

'반드시 난 해낸다!'

다행히 이런 확신으로 그 아픔을 견디고 있다. 한 꼭지, 한 꼭지 긍정의 마음으로 글을 써내려 가고 있다.

운은 자신이 움직이고 진심을 다해 노력하면 자석처럼 다가온 다고 들었다. 배움도 마찬가지다. 열성과 끈기로 배우면 언젠가는 피와 살이 되어 돌아온다. 나의 경우 배움의 동기가 분명했다. 회 사에서 인정받고 싶었고, 전국의 대리점에 긍정적인 영향을 끼치 고 싶었다. 그러려면 배움 외에 뾰족한 수가 없었다.

점포 컨설턴트인 나는 내가 배운 것들을, 더불어 환한 웃음을 바리바리 싸들고 하루하루 대리점의 문을 활짝 열고 들어간다. 그 리고 대리점 식구들과 자신 있게 배운 것을 나눈다. 그러다 보면 대리점이 안고 있는 고질적인 문제가 술술 풀리기도 하고, 비전이 스르르 드러나기도 한다. 가끔은 대화 중에 세련되고 멋진 말들이 나도 모르게 튀어나와 흠칫 놀라기도 하는데, 그것 또한 배움이 주는 즐거움이다.

배움은 배울수록 새로운 맛이 난다. 그 맛을 나 혼자 맛보기는 너무 아깝다. 나는 후배들이, 대리점 식구들이 꽃길만 걷기를 바 라는 사람이다. 그런 까닭에 더욱 배움을 강조하고 싶다. 이것은 내가 지금 책을 쓰고 있는 이유이기도 하다.

아침부터 무엇을 보십니까?

하루도 빠짐없이 핸드폰에 머리를 박고 출근하는 직원이 있었다. 어느 날 나는 걱정이 되어 조심스레 물었다.

"넘어지겠네. 앞 좀 보세요. 그런데 아침마다 핸드폰으로 뭘 그렇게 봐요?"

"동영상 보고 있어요."

"어떤 동영상?"

"'세바시'요."

그 직원은 유튜브에서 '세상을 바꾸는 시간(세바시)'이라는 교양 프로그램을 보고 있었다. 업무에 도움이 돼서 이동할 때나 자투리 시간에 종종 시청한다고 했다. 솔직히 나는 그 직원이 음악을 듣거나 게임을 하는 줄만 알았다. 그런데 공부를 하고 있었다니! 엄청난 충격이었다. 지금으로부터 3년 전, 성장에 대해 고민하며 이

행동하는 습관이 나를 살린다 ——— 27

리 기웃 저리 기웃하던 시기의 일인데, 여전히 충격이 생생하다. 그 직원은 평소 회의 시간에 발표를 조리 있게 잘했고, 파워포인트 자료도 매끄럽게 잘 만들었는데, 그게 다 공부의 힘이었던 것이다.

나는 그 직원이 안겨준 충격에 휩싸인 채 나의 하루 일과를 되돌아보았다. 잦은 외근과 지방 출장으로 퇴근이 늦은 편인데, 일찍 퇴근하는 날도 영양가 없이 보내는 날이 많았다. 저녁식사 마치고 치우고 나면 10시, 텔레비전 보고 나면 12시, 그리고 부리나케 잠자리로! 출퇴근길에는 라디오로 음악만 들을 뿐 공부는 전혀 하지 않았다. 핸드폰으로 하는 일은 쇼핑, 뉴스 검색 따위가 전부였다.

이래서는 안 되겠다는 생각이 들었다. 나는 그날부터 세바시를 구독했다. 좋다는 강의도 찾아다니면서 들었다. 핸드폰으로는 마케팅 강의, 재테크 강의, 설득 기법 교육, 판매 스킬 교육 등을 시청했다. 그 바람에 데이터 용량 초과로 요금 폭탄을 맞기도 했지만 기분은 조금도 안 나빴다. 뭔가 이루어 가고 있다는 느낌이 들어 행복하기만 했다.

불쑥 그동안 나는 도둑놈 심보로 살았다는 생각이 들었다. 감나무 아래 멈춰 서서 감이 입 안에 떨어지기를 바라기만 했으니, 그게 도둑놈 심보가 아니고 뭐겠는가. 나는 옛날에 배웠던 것만 우려먹으며 버텨온 스스로를 따끔하게 나무랐다. 지금은 결코 그렇게 살지 않는다.

핸드폰은 주인이 어떻게 쓰느냐에 따라 보물도, 흉물도 될 수 있다. 그 안의 유튜브 역시 누군가에게는 약이, 누군가에는 독이 될지 모른다. 나는 '유튜브 대학'을 다닌다는 생각으로 틈만 나면 유튜브를 교육 도구로 활용한다. 세바시에 빠진 그 직원처럼, 자투리 시간이 날 때마다 어디서든 이어폰을 꽂고 듣고 또 듣는다. 솔직히 공부에 소질이 없는 터라 기억하는 것보다 잊는 것이 더 많지만, 그래서 스트레스도 팍팍 쌓이지만 나를 성장시킨다는 믿음으로 열심을 내고 있다.

엄마의 마음으로 잔소리한다. 매일매일 무엇이든 한 가지라도 배우기를 바란다. 내가 이 나이 먹고 보니 후회가 돼서 그런다. 학원 다닐 형편이 안 되면 나처럼 유튜브 대학이라도 다녔으면 좋겠다. 그 대학은 등록금이 세계에서 제일 싸다.

나도 하는데, 여러분은 더 잘하리라 믿는다.

문제는 말솜씨가 아니라 말버릇

나는 '말'하면 가슴부터 답답해진다. 우선 목소리부터 워낙 커서 일상적인 대화를 해도 싸우는 줄 알았다는 오해를 종종 받는다. 게다가 성질이 급해 머리 떼고, 꼬리 떼고 몸통만 덥석 뱉는 바람에 소통에 문제를 일으킬 때가 많다. 조리 있는 말솜씨와는 거리가 멀고, 미리 쓴 대본을 외워서 말해도 버벅거리는 수준이다. 당연히 이런 내 자신이 몹시 불만스럽다. 사정이 이러한데 회사에서 웃음 강의를 맡겼으니, 얼마나 스트레스를 받았는지 아무도 짐작조차 못한다.

나는 말에 대한 트라우마에서 벗어나려 부단히 노력했다. 책도 읽고, 강연도 듣고, 김미경 원장의 아트 스피치 동영상 교육까지 받았다. 하지만 성실하게 배우고 연습을 했는데도 불구하고 별다른 발전이 없었다.

'그래도 고치는 방법이 있을 거야.'

어느 날 한 가닥 희망을 품은 채 말에 대한 책을 구하러 서점으로 향했다. 그 발걸음이 내게는 행운이었다. 고이케 히로시의 《운이 풀리는 말버릇》이라는 책을 만난 것이다. 책을 읽은 나는 저자 고이케 히로시에게 큰절이라도 올리고 싶었다.

나의 문제는 말솜씨보다는 말버릇이었다. 책을 읽고 말버릇부터 고치는 게 급선무라는 사실을 깨달았다. 우선 나는 이 늦은 나이에 좋은 책을 읽을 수 있고 좋은 것을 배울 수 있어서 감사하다는 마음부터 품었다. 그리고 '감사합니다'라는 말을 하루에 100번 하겠다는 다짐을 했다. 처음에는 몹시 어색했다. 특별히 감사한 경우도 아닌데 주야장천 하려니 잘되지 않았다. 그래도 포기하지 않고 끈질기게 했다. 식당에 가서도 주인이나 종업원보다 내가 감사하다는 말을 더 많이 했다.

아들한테도 감사하다는 말을 무조건 던졌다. 평소에는 툭하면 대화 중에 싸우곤 했는데, 갑작스러운 엄마의 감사 공세에 아들은 당황한 듯했다. 아들은 끝내 "엄마 그만해. 원래대로 살아." 이 한마디를 던지고는 제 방에 들어가버렸다. 그래도 나는 굴하지 않고 감사하다는 말을 연신 내뱉었다. 그동안 얼마나 부정적인 말을 입에 달고 살았는지 반성하면서.

"졸려서 미치겠네!"로 아침을 열고, "피곤해 죽겠네!"로 하루를 마치는 나였다. 누가 "예뻐졌네!" 하고 칭찬을 하면 대번에 "어디가 예뻐졌는데?" 하고 받아치는 나였다. 맘에 안 드는 선물을 받으면 "난 필요 없어. 다른 사람 줘." 이렇게 무안을 주고, 날씬해졌다는 말을 들으면 "이 배 좀 봐. 이게 날씬한 거야?" 하고 스스로를 부정했다. 아주 복을 차는 말들만 뱉고 살았던 것이다. 늦게나마 운이 풀리는 말버릇을 알았으니 얼마나 감사한지 모른다.

말을 할 때 마음속으로 거르고 또 거르는 일을 되풀이하니 조금씩 입에서 예쁜 말이 나오기 시작했다. 대리점 사장님과 사모님들의 말을 관찰하면서 말공부를 하자 상황에 맞는 표현들도 적절히 쓰게 되었다. 그렇게 노력을 하자 점점 말에 대한 트라우마가 치유되었다. 지금은 대리점에 들어갈 때 오버를 떨며 큰 목소리로 인사하면서 들어간다. 대리점 식구들과 호탕하게 대화를 나누면서도 원래 나긋나긋한 사람인 양 목소리를 낮춘다.

몇몇 사모님들의 경우 옛날의 나와 별반 다르지 않은 모습을 보이기도 한다. 그분들은 내가 매장에 들어가면 "경기가 안 좋아서 죽겠어요."라는 탄식으로 맞이하고, "이번 달은 재미없어요. 지원 좀 해줘요."라는 호소로 작별인사를 건넨다. 그 심정은 이해하지만 무척 안타깝다. 스스로 복을 차는 말을 하고 있다는 걸 모르고 있으니 말이다.

언젠가 옷을 사러 단골 매장에 간 적이 있다. 그런데 그곳 사장님도 대번에 불경기라 장사가 안 돼 죽겠다는 인사말을 건넸다. 옷을 사고 나서 집 시세를 알아보려고 부동산에 들렀다. 그러자 이번엔 부동산 사장님이 하소연을 해왔다. 부동산 정책이 엉망이라 집이 안 팔려 죽겠다는 둥, 나는 '오늘 일진이 왜 이러나?' 하면서 남몰래 웃고 말았다.

요즘의 나는 '죽겠다'라는 말을 결코 하지 않는다. '죽겠다'고 하면 '죽을 일'만 생기기 십상이기 때문이다. 장사를 하는 사람은 언제나 장사가 잘되는 것처럼 보일 필요가 있다. 그래야 사람들이 모여드는 법이다. 장사가 안 된다, 안 된다 이야기하면 손님들도 멀어진다. 정말로 장사가 죽을 쑤고 만다.

"말이 씨가 된다."라는 속담은 일면 진부하기까지 하다. 하지만 결코 가볍게 여겨서는 안 된다.

세상을 떠난 엄마가 생전에 늘 하던 말이 있다.

"윤희 너는 굶어 죽으면 배 터져 죽었다고 소문 날 거야."

내가 부유하게 살아서가 아니라 늘 빈티를 감추려고 애쓰고 사는 모습을 빗대어 한 말씀이다. 아무튼 그 말이 씨가 되어서인지 나는 지금 부자(?)로 살고 있다. 장사를 하는 사람이든, 하지 않는 사람이든 말은 참 중요하다. 물론 말솜씨보다는 말버릇이!

손수 〈이브자리〉 대리점을 운영하던 시절엔 손님들의 말 때문에 종종 상처를 입곤 했다. 상품을 보자마자 비싸다는 말부터 던지는 손님, 억 단위의 상품이 진열되어 있는데도 상품이 없다고 혀를 차는 손님을 만나면 말문이 막혔다. 그리고 가슴 깊이 응어리가 졌다. 그 손님들이 지금 어떤 삶을 살고 있을지 문득 궁금해진다.

마지막으로 최근에 만난 대리점 사모님의 일화를 소개한다. 그 사모님은 내가 자리에 앉자마자 불만을 쏟아냈다. 회사가 어떻고, 손님이 어떻고, 나라가 어떻고……. 우박처럼 쏟아지는 불만에 나는 재빨리 맞받아쳤다.

"사모님! 이거 사모님 사업이에요. 그런 마음으로 사업 하시면 힘듭니다. 다른 거 생각하지 마시고 사업만 생각하세요. 회사, 손님, 정치 다 필요 없고, 어떻게 하면 가게를 번창시킬까, 어떻게 하면 손님을 더 오게 할까만 연구하세요. 복 달아나는 부정적인 말들도 꾹 참으시고요. 매장 예쁘게 꾸미셨고, 이만하면 장사도 잘되는 편인데 뭐가 그렇게 불만이세요? 앞으로는 복스럽고 좋은 말만 하세요."

제법 세게 밀어붙였는데 진심이 느껴졌는지 사모님은 순순히 꼬리를 내렸다.

"아니, 말이 그렇다고……. 알았어요. 이제 남 실장 말대로 나쁜 말은 안 할게요."

나는 나 역시 제대로 못하지만 운이 풀리는 말버릇을 가지려고 노력 중이라는 말을 덧붙였다. 그 말에 분위기는 한결 밝아졌고, 사모님과 나는 영양가 있는 대화를 오래 나눌 수 있었다.

말은 운을 부른다. 장담하건대 좋은 말버릇을 가지면 진짜 좋은 일만 생길 것이다. 주변에서 말버릇만 바꿨을 뿐인데 성공하는 사람들을 여럿 목격했다. 나도 열심히 하고 있으니, 여러분도 동참하기를 바란다.

멈추면 넘어지는 배움 자전거

'오늘은 어제의 노력입니다'

어디서 읽은 문구인지 기억이 가물가물하지만, 머릿속을 항상 맴돌고 있는 말이다. 정말 맞는 말 같다. 어제의 노력이 없이 오늘의 성과를 기대하는 건 허황된 욕심이다.

나는 지난 3년 동안만큼은 '어제의 노력'에 충실했다고 자부한다. 그리고 오늘도 노력 중이다.

나의 노력은 책 읽기, 강의 듣기 등으로 시작되었다. 그런데 그 비용을 대는 일이 사실 만만치가 않았다. 그래서 나는 교육비를 마련하는 나만의 방법을 도모했다. 거창한 방법은 아니었다. 우선 옷을 사고 싶을 땐 꾹 참았다가 계절이 지나 매대에 나오는 상품을 샀다. 그런데도 주변 사람들이 옷을 잘 입는다는 칭찬을 해줘

참 다행이었다.

두 번째는 슈퍼마켓에서 절약하기다. 슈퍼마켓에는 유통기한이 지난 상품을 따로 진열해 놓는 곳이 있다. 나는 이곳을 틈틈이 노렸다가 언제나 일등으로 싼값의 상품을 구입했다. 이런 행동들이 전혀 부끄럽거나 싫지 않았다. 최고의 투자자 워런 버핏은 어디에 투자하면 큰돈을 버느냐는 질문에 자기 자신에게 투자하라고 답변했다는데, 나는 워런 버핏의 말을 따른 것뿐이다.

처음에는 책 공부가 나에게 도움이 될까 의심스러웠다. 그렇지만 시간이 지남에 따라 스스로가 성장하는 모습이 어렴풋이 보이기 시작했다. 그러자 의심은 사라지고 '밑 빠진 독에서도 콩나물은 자라는구나!' 하는 생각이 들었다. 소싯적에 할머니가 시루에서 콩나물을 키우는 것을 본 적이 있는데, 나는 늘 콩나물은 뭘 먹고 살까 궁금했었다. 위에서 물을 부으면 콩나물은 촉촉이 젖기만 할 뿐 물은 주르륵 흘러내려가 버리니 그런 궁금증을 품었던 것이다. 그런데도 쑥쑥 자라는 콩나물이 신기하기만 했었다.

나는 공부를 하면서 나도 모르는 사이에 콩나물이 되어가고 있었다. 아주 싱싱한 놈으로.

운과 기적은 움직이는 자에게 찾아온다고 했다. 나는 이 말을 100% 믿는다. 나에게도 기적이 일어났기 때문이다. 제대로 된 책 한 권을 쓰려면 최소 1,000권은 읽어야 한다는데, 나는 2년 동안 고작 200권도 안 읽고 쓰게 되었으니, 기적 중의 기적이다.

그런데 왜 굳이 이 글을 쓰고 있을까? 나는 아들을 둔 엄마다. 내 아들을 비롯해서 요즘 젊은이들은 게임이나 기타 노는 일에 정신이 팔려 보인다. 물론 안 그런 친구들도 많지만, 자기계발에 게으른 젊은이들의 수가 결코 적다고 느껴지지가 않는다.

당장 지하철에서도 스마트폰이 주는 오락에 빠진 젊은이들을 쉽게 만나기 때문이다. 나의 아들, 그리고 아들 세대의 젊은이들이 5년 후, 또 10년 후에는 어떤 삶을 살고 있을지……. 엄마의 마음으로 몹시 걱정스럽다. 그래서 잔소리를 하고 싶었다. 성장에 정신을 팔아보자. 시간이 없다.

내 주변에는 자기계발을 멈춘 사람들이 의외로 많다. 성장에 얼마나 투자하냐고 물으면, 대학까지 나왔는데 뭘 또 투자하냐는 답변을 심심찮게 들을 정도다. 내 자신 나이를 먹어 보니 배움을 멈춘 일이 정말 후회스럽다. 후회가 얼마나 막심하면 학창시절에는 시험 기간에도 쿨쿨 잘만 자던 내가 지금은 책을 읽다가 졸리면 찬물에 세수를 한다. 스스로가 짠해 보일 정도다.

누구든지 '내 미래는 내가 책임진다'는 마음으로 살았으면 좋겠다. 100세 시대라는데, 신경 쓸 것은 육체의 건강만이 아니다.

상점에 가면 주인이 고객이 없다고 텔레비전에 빠져 있는 모습을 종종 본다. 따분해서 본다는데, 차라리 상품 정리나 청소라도 하기를 바란다. 지나가는 사람들이 보고 그 상점과 주인에 대해 어떤 이미지를 품을지 몹시 걱정스럽다.

장사에도 노력은 필수다. 노력하지 않는 주인을 과연 어떤 고객이 신뢰하겠는가. 그런 주인이 운영하는 상점의 제품에 매력을 느끼는 고객은 드물다. 주인이 게으름을 피우면 고객의 발걸음은 자연스레 멀어진다.

이따금 주말 아침에 집 앞 중랑천에서 달리기를 한다. 그때마다 어김없이 내 옆을 획획 지나치는 자전거를 만난다. 그 모습을 보면서 나는 생각했다.

'자전거가 달리다 멈추면 넘어지듯이 나도 공들여 공부하지 않으면 넘어지겠지?'

배움에는 멈춤이 있을 수 없다고 생각한다. 쉼 없이 자전거 페달을 구르듯이 계속 배움을 향해 움직여야 한다.

성공하고 싶다면 성공한 사람들의 노하우를 배우자. 그들이 지은 책을 사서 읽든지, 강연을 찾아가 듣든지, 자신의 시간과 열정, 때로는 돈을 투자해서라도 배우기를 바란다. 물론 돈이 걸림돌이 되는 경우도 있겠지만 몸부림치면 해결책을 찾을 수 있을 것이다. 나도 평생 빚 갚고 사는 사람이다. 절약하고, 꼼꼼히 지출 계획을 세우고 하면서 교육비를 마련하고 있다.

다만 노력의 결과가 금방 나타나지 않을 수도 있다. 1년, 2년 그 이상의 시간이 걸릴 수도 있다. 그래도 포기하지 않고 노력하다 보면 어느 순간 성장한 자신을 발견할 수 있을 것이다. 세상에 내한

두려움을 잊은 용감한 '나'와 만날 수 있을 것이다. 나도 열심히 자신을 키운 결과 육십을 앞둔 이 마당에 무서운 것이 없어졌다. 인생은 육십부터라는 말을 되새기며 새 인생을 기대하고 있다.

천천히 가더라도 꾸준히 가는 것이 중요하다.

chapter 2

큰 변화를 일으키는
작은 움직임

기적은 이불 밖에서 일어난다

'잠' 하면 나는 할 말이 없다. 여전히 아침 일찍 일어나는 일이 무척이나 어렵다. 대리점을 운영할 때는 10시에 개장을 해서 그나마 나았는데, 다시 회사에 출퇴근하는 신분이 되고 나서는 완전히 지옥이었다.

예전엔 회사의 출근 시간은 8시 30분. 나의 기상 시간은 6시로 비교적 견딜 만하다. 하지만 회의나 워크숍이 있는 날이면 이야기가 달라진다. 팀장급 이상은 7시까지 출근해야 하므로 5시에 일어나야 했다. 회의나 워크숍은 보통 일주일에 세 번 있었다. 그러니까 칠일 중 삼일이나 잠과의 전쟁을 벌여야만 했었다.

그러나 이제는 일주일에 52시간 근무하는 제도가 진행되면서 출근시간부터 달라졌고, 회의 시간도 달라졌다. 그러나 달라진 환경에 좋아할 수 없는 관리자의 입장이고 보니, 무한경쟁의 취업

전쟁 속에서 나에게 주어진 컨설턴트의 일이 정말 감사하고, 더욱 더 회사에 기여해야 한다는 마음가짐도 다지고 있다.

어쨌든 직장 다니며 가정을 돌보는 많은 워더우먼들처럼 나도 퇴근 후 집안일에 매달린다. 그러면 밤 12시 전에는 잠자리에 들기가 어렵다. 물리적으로도 수면 시간이 부족한 상황이다.

아침이 되면 남편이 나를 깨운다. 그런데 깨워 놓으면 "5분만!" 하고 스르르 잠에 빠진다. 그러면 남편이 또 깨우고, 나는 또 잠에 취하고. 아침마다 이런 실랑이를 되풀이했다. 내가 자명종만으로는 못 일어나니 남편을 기상 도우미로 사용할 수밖에 없었다.

어느 날 남편이 나를 깨우는 일에 지쳤는지 와락 짜증을 냈다.

"당신이 학생이야? 내가 맨날 깨우게!"

남편은 휑하니 방을 나가 버렸다. 화들짝 놀란 나는 헐레벌떡 일어났다. 그러고는 조용히 출근 준비를 했는데, 남편에게 너무나 미안한 마음이 들었다.

그렇게 잠꾸러기였던 내가 이제는 아침형 인간으로 거듭났다. 캐나다의 작가 로빈 샤르마는 "인생에서 가장 슬픈 일은 마지막에 도달했을 때 후회하며 돌아보는 것이다."라고 말했는데, 내가 그런 처지가 되고 싶지 않아 아침형 인간이 되기로 마음먹은 것이다. 또한 아침형 인간은 성공한다는 책의 가르침도 변화를 결심히는 데 한몫했다.

아침형 인간으로 살기 위해 나는 몇 가지 항목을 정해 실천했다.

첫째, 자명종을 머리맡이 아닌 먼발치에 두기. 자명종을 끄기 위해 어쩔 수 없이 일어나야 하는 환경을 만든 것이다.

둘째, 새벽 운동으로 아침 열기. 이를 위해 토요일 아침엔 잠실 선착장에서 달리기를 했고, 일요일 아침엔 직원들과 불암산을 함께 올랐다.

셋째, 아침마다 거울을 보며 미친 듯이 소리 내서 웃기.

넷째, 아침 시간을 쪼개 책 한 페이지, 바쁘면 몇 줄이라도 읽기. 아침 독서를 하면 잠을 털어내긴 힘들어도 마음은 날아갈 듯 가벼워졌다.

그런데 아침에 일어나서 가장 먼저 하는 일은 따로 있다. 바로 목청을 가다듬고 크게 소리 지르는 일이다.

"오늘 하루를 주셔서 감사합니다. 오늘은 정말 행복한 날입니다. 오늘은 저의 날입니다!"

오십대는 갱년기에 고통받는 나이다. 그런데 나는 갱년기를 딱 3일 겪었다. 어느 날 문득 얼굴이 화끈거리고 속에서 뜨거운 것이 올라왔는데, 그게 갱년기의 시작이었다. 그때 나는 "올 것이 왔구나. 그래, 잘 지내보자." 하고 갱년기에게 속삭였다. 그렇게 편안하고 긍정적인 마음을 지니자 갱년기는 3일만 나를 괴롭힌 뒤 알아서 가버렸다.

병이 찾아왔을 때 이왕 온 거 잘 지내보자고 이야기하면 그 병이 조용히 있다 떠난다는 말을 들은 적이 있다. 정말 그 말이 이루어진 건지는 모르겠지만 나와 대화를 나눈 갱년기는 홀연히 나를 떠나버렸다.

나는 모든 것이 아침형 인간으로 변신한 덕분이라고 믿는다. 아침 일찍 일어나 웃고, 뛰고, 등산하고, 명상하며 스스로를 단련한 결과 갱년기를 쉽게 이겨낼 수 있었다고 생각한다. 참 감사한 일이다.

힘든 일을 겪고 있는 사람, 스스로를 변화시키고 싶은 사람은 아침 일찍 일어나 운동화 끈을 질끈 묶고 밖으로 나가 뛰기를 바란다. 하늘을 바라보자. 그리고 세상을 향해 소리치자.

"난 뭐든지 할 수 있어!"

이와 같이 움직이는 자에게만 기적이 찾아오는 법이다. 어딘가로 도망칠 생각은 접어두고 넘어진 그곳에서 다시 일어나 시작하자. 정면 돌파! 그러면 분명히 길이 드러날 것이다.

아침을 잃어버린 사람들에게 소리치고 싶다.

"이제 이불 속에서 나오세요!"

나는 이불 장수다. 나만큼 이불 속을 그리워하는 사람이 어디 있겠는가. 이불 속은 달콤하지만 그 달콤함에 젖으면 성장하기 어렵다. 인생이 송두리째 바뀌는 기적은 이불 밖에서 일어난다.

아침이다. 여러분을 기다리는 세상으로 멋지게 달려가기를!

빗자루와 걸레부터 집어 들자

"쓰레기로부터는 마이너스 에너지가 나오므로, 거기에 천사가 내려올 리가 없습니다."

《청소력》의 저자 마쓰다 미쓰히로의 말이다. 나는 이 말을 무척 좋아한다. 그리고 믿는다. 회사 독서 모임에서 이 책을 첫 번째 책으로 추천한 것도 그런 이유 때문이다.

대리점을 방문했을 때 의욕이 떨어져 있는 사장님을 만나면 본사의 지원을 받아 환경개선을 해주는 경우가 있다. 집기 레이아웃도 매만지며 환경을 변화시키는데, 그러고 나면 대부분의 대리점 사장님이 다시 기운을 차리며 도전 정신을 불태운다. 그 모습에 환경개선을 도운 본사 직원들도 큰 만족과 보람을 느낀다. 이런 일이 종종 생기는 걸 보면 청소의 위력은 참 대단한 모양이다.

언젠가 대리점 사장님과 점심식사를 하러 매운탕집에 간 적이
있다. 사장님 말로는 꽤 유명한 집이라고 했다. 그런데 첫술을 뜨
는 순간 무심코 내 눈길이 밥상 옆의 콘센트로 향했다. 그것을 보
자마자 나도 모르게 숟가락을 멈추고 말았다. 콘센트에는 검은 때
가 꼬질꼬질 들러붙어 있었다. 밥상 바로 옆이라 무시하려고 해도
자꾸만 눈이 가서 밥 먹기가 불편했다. 대리점 사장님과의 관계도
있고 해서 꾸역꾸역 먹기는 했지만 매운탕 맛을 전혀 느낄 수가
없었다.

'상을 닦을 때 딱 보일 텐데 왜 청소를 안 했을까?'

정말이지 식당 주인에게 물어보고 싶었다. 밥상 주변이 이 모양
이니 다른 데는 오죽 더러울까 하는 생각마저 들었다. 나는 그 매
운탕집에서 마이너스 에너지를 느꼈다. 지금까지는 어찌어찌 장
사를 잘했을지 몰라도 나와 비슷한 경험을 하는 사람이 늘어난다
면 틀림없이 장사가 힘들어질 것이다.

〈이브자리〉 대리점 중에 발을 들여놓기만 해도 행복해지는 매
장이 있다. 그곳은 들어서는 순간 향수도 뿌리지 않았는데 향기가
나는 듯하다. 사장님 사모님이 정리정돈은 물론 청소를 어쩌나 잘
했는지 파리가 미끄러질 정도로 깨끗하다. 칸칸이 개어져 있는 이
불은 예쁜 그릇에 담아 놓은 음식처럼 정갈하게 보인다. 그래서
정리정돈이 미흡하거나 청소가 소홀한 대리점을 찾았을 경우 나

는 그 매장을 본보기로 소개한다. 그 매장을 칭찬하는 사람은 나만이 아니다. 고객들도 있다.

"여기 이불은 다른 매장 이불보다 먼지도 안 날 거 같고, 더 깨끗한 것 같아 기분이 좋아요."

사장님은 고객에게 이런 칭찬을 자주 듣는다고 한다. 지극히 당연한 일이다. 일을 사랑해서 정성을 쏟는데 성공하지 않을 리가 없다. 이 매장에서는 플러스 기운이 퐁퐁 솟아난다.

장사가 안 된다고 가만히 손 놓고 있지는 않은가. 취업이 안 되어 고민만 하고 앉아 있는가. 일이 안 풀리고 힘들면 빗자루와 걸레를 들고 깨끗이 청소부터 해보자. 한결 마음이 가벼워지고 의욕도 샘솟을 것이다. 청소는 새롭게 시작할 수 있는 힘을 준다. 그것이 청소의 위력이다.

장사를 하던 시절 손님 집에 배달을 가는 경우가 많았다. 배달을 가면 나오기 싫어 더 머무르고 싶은 집이 있다. 크고 화려한 집이 아니라, 가구 배치와 정리정돈이 잘되어 깔끔한 집이다. 많은 돈을 들이지 않고 꾸민 집일수록 더 감탄이 나온다. 반대로 '어머, 집이 왜 이래? 이 사모님은 대체 뭐하고 사시는 거야?' 하는 탄식이 나오는 집도 있다.

여러분의 보금자리는 어떤가?

집이든, 매장이든 정성을 다해 청소를 해보자. 주인의 혼이 곳곳에 깃들어 살고 싶은 집으로, 예쁜 매장으로 다시 태어날 것이다. 어쩌면 복을 나눠주는 천사가 내려올지도 모른다.

장사하는 사람들 중에는 매장 청소에 엄두를 못 내는 부류가 꽤 있다. 방법을 몰라 손을 못 대는 것이다. 그럴 경우엔 배우면 된다. 다른 매장은 어떻게 청소하고 어떻게 정리정돈하는지 관찰하고 따라하면 된다. 물론 공을 들이는 것이 가장 중요하다. 주인이 공들인 매장에 손님은 마음이 끌리기 마련이다.

매장에 들어온 손님은 3초면 결정한다고 한다. 이 매장에서 살지, 사지 않을지. 주인은 그 3초를 잡아야 한다. 3초를 잡는 방법에는 정성 어린 인사, 즉각적인 서비스 등 기타 여러 가지가 있겠지만, 환경을 무시해서는 안 된다. 우선적으로 손님은 매장의 환경에 눈을 주기 때문이다. 환경이 맘에 들면 후광효과가 일어나 제품도 좋게 느낀다. 그러므로 주인은 기를 쓰고 3초에 집중해야 된다.

직업적인 특성상 나는 어떤 업종의 매장이든 유심히 관찰한다. 그러고는 '이 매장은 이래서 잘되고, 저 매장은 저래서 안 되는군' 하며 분석한다. 수없이 분석을 행한 결과 한 가지 확실한 결론을 얻었다. 청소, 정리정돈, 디스플레이로 손님의 시선을 끄는 매장은 한결같이 잘된다는 것이다. 길을 가던 손님은 시선이 끌려야 매장 안으로 들어간다. 시선에 만족을 느끼지 못하면 무심히 갈 길을 갈 뿐이다.

나는 이동 중에 내 시선을 끄는 매장이 있으면 꼭 들어가본다. 당장 짬이 안 나면 나중에 시간을 내서라도 꼭 찾아간다. 방문해보면 정말 '다름'을 느끼는 경우가 많다. 매장 주인에게 존경심이 우러나온 적도 여러 번이다. 어떤 경우에도 자신의 매장이 손님들 눈에 우습게 보여서는 절대 안 된다. 가구점이든, 음식점이든 손님에게 무시 받아서는 결코 잘될 수가 없다.

"역시 여기 오길 잘했어!"

언제든 이런 말을 들을 수 있게 매장 환경을 만들어야 한다.

결국 결론은 걸레와 빗자루부터 들고 구석구석 쓸고 닦자는 것으로 내려진다. 먼지와 때를 없애자. 그러면 응어리진 마음의 때도 깨끗이 씻겨 내려갈 것이다. 복의 천사가 쉬어 가려고 내려왔다가 한아름 복을 안겨줄지도 모른다.

나는 청소할 때 '감사합니다'를 외치면서 한다. 하루 목표 100번을 채우기 위한 편법이기도 하지만, 어쨌든 그렇게 하면 이상하게도 힘이 덜 든다. 청소도 더 잘되는 것 같다.

사실 청소할 수 있는 기운이 남아 있다는 건 정말로 감사한 일이 아닐 수 없다. 아프고 다쳐본 사람은 다 알 것이다. 감사함으로 청소를 해보자. 청소는 복을 부른다.

텔레비전을 보면서 꾸는 꿈

우리 집 거실에는 커다란 텔레비전이 벽에 딱 걸려 있다. 퇴근하고 돌아오면 제일 먼저 나를 반긴다. 나는 텔레비전을 켜둔 채 밥도 먹고, 자질구레한 집안일을 한다. 대충 마무리가 되면 텔레비전 앞으로 다가가 드라마를 보고, 드라마가 재미없으면 채널을 이리저리 돌려 홈쇼핑을 본다. 그러다가 12시가 되면 잔다. 졸리든 안 졸리든 내일 일을 해야 하니 의무적으로 잠자리로 가는 것이다.

이것이 나만의 일상일까? 단언컨대 아니라고 본다. 퇴근 후의 시간을 텔레비전에 저당 잡힌 사람이 꽤 많을 것이다. 사실 텔레비전이 얼마나 매력적인가. 드라마를 초조하게 기다리는 재미도 쏠쏠하고, 앉아서 편안하게 쇼핑도 하고, 멋진 연예인들을 보며 눈호강도 누리고……. 그런데 텔레비전과 함께 하루를 마감하면 마음에 불편을 느끼는 사람도 적지 않을 것이다. 나도 '오늘 뭐 했지?' 하고 찜찜해하며 잠자리에 든 적이 많았다. 핑계를 대자면 아마도 양심이 아직 살아 있어서가 아닐지!

그렇게 양심에 찔린다면, 텔레비전은 아닌 거다. 어느 날 나도 이게 아니다 싶어 텔레비전을 켜지 않았다. 덕분에 똥마려운 강아지처럼 불안하게 집 안을 돌아다니긴 했지만.

그래도 텔레비전과 멀어지기에 성공했다. 초조한 기다림으로 일상을 흔드는 드라마부터 끊고, 뉴스는 핸드폰으로 보고, 〈서민갑부〉나 〈골목식당〉처럼 좋아하는 프로그램 한두 개만 남겨놓으니 텔레비전에 휘둘리지 않을 수 있었다.

대리점을 방문하면 고객이 없는 시간에 텔레비전을 보는 사장님들이 가끔 있다. 손님이 없으니까 심심해서 본다고 한다. 과연 매장에서 심심함을 텔레비전으로 달래야 할까? 주인이 그러고 있으면 행인들이 매장 안을 보았을 때 이 매장은 한가한 매장이라고 생각하지 않을까? 밖에서 보이는 주인의 움직임도 마케팅의 일부라는 것을 기억해야 한다.

식당의 경우 고객 서비스 차원에서 텔레비전을 켜두는 곳이 많다. 그런데 정작 보는 사람은 주인이나 직원들이다. 식당을 운영하거나 그곳에서 일하는 분들에게 묻고 싶다. 텔레비전을 보느라 손님이 들어왔는데도 느지막이 응대하고, 텔레비전에 빠져 반찬을 더 달라는 손님의 부름을 못 들은 적은 없었는지. 식당이 잘되려면 손님들이 부족한 게 없는지 수시로 살피는 정성과 식당의 환경을 깨끗하게 가꾸려는 노력이 필요하다. 그런 일에 시간을 쓰려면 텔레비전을 볼 여유가 없을 것이다.

내가 유일하게 즐겨 보는 〈서민갑부〉에는 엄청난 정성을 들여 성공한 사람들이 나온다. 그들이 벼락부자와는 상관없는 삶을 살며 차곡차곡 일어나는 모습은 무척 감동적이다. 기억에 남는 출연자 가운데 한 명은 '당구대 삼겹살 갑부' 편의 사장님이다. 그분은 삼겹살 굽는 불판을 스케일 다르게 당구대 크기로 만들었다. 장작은 직접 패서 조달하고, 그 커다란 불판에다 소주를 부어 불쇼를 하며 고기를 굽는다. 손님의 미각은 물론 시각과 촉각까지 만족시키려는 사장님의 모습은 그 자체로 감동이었다. 그 사장님은 내가 가장 좋아하는 말까지 남겼다.

"다른 사람(매장)과 무조건 뭔가 달라야 합니다!"

백번 맞는 말이다.

나도 여러분에게 묻는다. 특히 장사를 하는 분들은 귀담아 들으시기 바란다.

"손님이 왜 다른 매장이 아니라 사장님의 매장에 와야 합니까?"

그 삼겹살집은 불판이 크다 보니까 손님들이 빙 둘러앉을 수밖에 없는데, 이게 또 하나의 장점이 된다. 수십 명 단체가 와도 한자리에 다 앉을 수 있어서 좋고, 두세 명이 오면 자연스레 합석을 하며 화기애애한 분위기를 만든다. 정말 꼭 한번 가고픈 마음이 들게 만드는 식당이다.

장사하는 사람들은 누구나 손님이 자신의 매장에 오기를 꿈꾼다. 그러려면 공부하고 노력해야 하는데, 말 그대로 꿈만 꾸고 있지는 않은가. 손님 없다고 텔레비전이나 보고 있으면, 거기다 경기 탓, 정치 탓만 하고 있으면 대체 어쩌자는 것인지……

그렇다고 텔레비전을 아예 보지 말라는 소리는 아니다. 나처럼 꼭 필요한 것만 보면 된다. 나도 〈서민갑부〉를 안 보면 안 된다. 뭔가 배울 점이 있고 성장에 도움이 될 만한 요소가 있는 프로그램은 얼마든지 봐도 좋다.

텔레비전이 꺼져 있는 시간은 독서로 채우기를 추천한다. 아무리 바쁘더라도 시간을 쪼개면 일주일에 한 권쯤은 가능할 것이다. 웬만한 책들은 보통 270쪽 내외다. 하루에 38쪽, 그러니까 19장만 읽으면 한 권을 뗄 수 있다. 그렇게 읽으면 1년에 50권 정도를 읽을 수 있다. 시간이 없다고 핑계대지 말고 어떻게든 시간을 만들어 보자.

다른 매장을 방문하는 일로 그 시간을 채우는 것도 좋다. 남을 알아야 나를 알 수 있듯이 다른 매장을 알면 자신의 매장에 대해 더 깊게 파악할 수 있다. 다른 매장에 가면, '아! 우리 매장과는 이렇게 다르구나!', '우리 매장도 이거 해봐야겠다!', '나만 몰랐네!'

이런 깨달음을 얻을 수 있을 것이다. 나도 이곳저곳 매장을 다니면서 정말 많이 배웠다. 어떤 업종이라도 괜찮으니 잘되고 있는 매장에 찾아가 성공의 기운을 받아오기 바란다. 주인이 다른 매장에 가 있는 동안 도둑이 '내 매장'을 업어가는 일은 결코 없으니, 걱정 말고 다녀오시라.

이제 텔레비전을 끄자. 그리고 꼭 필요한 프로그램을 볼 때만 켜자.

웃지 않는 사람은 장사하지 마라

미국 대학에 있는 판매 연구소에서 판매와 웃음의 상관관계를 연구했다. 활짝 웃는 얼굴, 편안한 얼굴, 짜증과 인상 쓰는 얼굴을 가진 사람들을 구분해 물건 파는 실험을 했는데, 활짝 웃는 사람은 목표량의 300~1,000%를 달성했다. 편안한 얼굴은 30~40%, 짜증과 인상 쓰는 얼굴은 0%였다.

여러분은 고객을 맞이할 때 어떤 얼굴을 하고 있는가?

한창 웃음에 미쳐 있던 시절 나는 나름의 실험을 했다. 내가 대리점 문을 열고 들어갈 때 사장님이 나를 보고 얼마나 웃는지 알아보기로 한 것이다. 실험 초기의 결과는 썩 좋지 않았다. 웃음으로 나를 맞이하는 분이 드물었기 때문이다.

나는 실험 계획을 살짝 수정했다. 내가 일부러 큰 소리로 웃으면서 인사하고 매장에 들어간 것이다. 그러자 활짝 웃으면서 나를 맞아주는 사장님, 사모님들이 늘어났다. 명색이 사내 웃음 강사로서 2년 가까이 사정없이 웃어댔더니만, 지금은 대리점 식구들도 놀라울 정도로 많이들 웃는다. 나에게 이렇게 웃는 게 맞느냐면서 시범을 보이는 분도 있다.

웃음은 운동도 된다. 사람의 얼굴 근육은 70~80개인데, 평상시엔 2개 정도 사용한다고 한다. 그런데 박장대소 할 경우엔 15~16개의 근육을 사용하게 된다니, 웃음은 정말 효과적인 운동이다. 꿈과 웃음은 한 집에 산다고 하니까 많이 웃자.

돌이켜보면 우리 부모님도 많이 웃지 않았다. 굳은 얼굴로 오랜 세월 살다 돌아가셨다. 웃음 운동을 많이 하도록 도와드렸다면 여생을 좀 더 즐겁게 보낼 수 있었을 텐데, 웃음 강사인 딸이 그걸 못해 드려서 가슴이 아프다. 이제는 내가 부모님이 계신 하늘을 보고 웃는다.

어느 식당에 갔더니, '웃음 10계명'이 쓰여 있었다. 그것을 여기에 옮겨 본다.

1. 크게 소리 내서 웃어라.

2. 억지로라도 웃어라.

3. 일어나자마자 웃어라.

4. 시간을 정해놓고 웃어라.

5. 마음까지 웃어라.

6. 즐거운 생각을 하며 웃어라.

7. 여럿이 함께 웃어라.

8. 고단하고 힘들 때 더 웃어라.

9. 웃고 또 웃어라.

10. 꿈이 이루어졌을 때를 상상하며 웃어라.

※ 자료 : 한국웃음연구소

'하남 돼지집'이란 식당에 아들과 저녁을 먹으러 간 적이 있다. 우리는 안에 들어가자마자 화들짝 놀랐다. 직원들이 다함께 한목소리로 어서 오라는 인사를 해서 당황한 것이다. 여하튼 많은 사람에게 환영을 받으니 싫지는 않았다. 손님맞이 이후에 이어지는 서비스도 최고였다. 직원들은 우리가 식사할 때 부족한 것은 없는지 정성으로 살피고 말도 공손하게 했다. 게다가 말을 꺼낼 때마다 어찌나 환하게 웃는지 처음에는 손님인 내가 어색할 정도였다. 그래서 "여기 왜 이래?" 하고 혼잣말을 했더니, 그 말을 들은 아들이 "엄마네 회사도 손님 오면 이렇게 해봐" 하고 말했다. 아마도 그 시절엔 나도 별 웃음이 없던 때라 그렇게 비뚤어진(?) 마음을 먹었던 것 같다.

식당 안에 웃음꽃이 만발해서 그런지 하남 돼지집은 갈 때마다 손님이 바글바글했다. 번호표를 받고 기다렸다가 먹는 일이 다반사였다. 내 기억에 하남 돼지집은 최고로 친절하고, 최고로 잘 웃는 매장이다. 아직까지 이곳 이상 가는 곳을 본 적이 없다. 내가 이사를 가는 바람에 지금은 하남 돼지집에 가지 못하지만, 여전히 손님들로 북적이고 있을 게 틀림없다.

웃는 일이 사실 쉽지만은 않다. 웃을 일이 수시로 생긴다면야 문제없겠지만, 인생이 어디 그러한가. 웃음도 연습과 노력이 필요하다. 웃음 강사인 나도 부지런히 웃음 연습을 한다. 매장을 운영하는 사람이라면 더 말할 필요도 없다. 웃음은 서비스다. 손님은 상품도 원하지만 서비스도 원한다. 활짝 웃으면서 손님을 맞이하는 매장으로 손님은 발걸음을 옮기기 마련이다.

〈중앙 선데이(9월 1일자)〉에서 서울 신도림역 주변에만 치킨집이 790개 있다는 기사를 읽고 깜짝 놀란 적이 있다. 이것이 자신의 상황이라고 가정해보자. 그리고 스스로에게 질문해보자.

'치킨집이 790개나 있는데, 손님이 왜 우리 가게에서 치킨을 시켜야 하는가?'

웃음 서비스가 우선되어야 한다.

중국에는 "웃지 않는 사람은 장사하지 마라"라는 속담이 있는데, 중국의 이야기로만 넘겨서는 안 된다.

웃는 얼굴은 태양과도 맞먹는 에너지라는 글을 읽은 적이 있다. 이렇게 좋은 에너지를 사용하지 않고 버린다면 장사하는 사람에게는 마이너스다. 웃음을 연습하고 웃으려고 노력하자. 연습과 노력은 결코 배반하지 않는다. 억지로 웃더라도 90%는 진짜 웃음의 효과를 낸다고 한다. 또한 우리의 뇌는 가짜 웃음과 진짜 웃음을 구별하지 못한다고 한다. 그러니 억지로라도 웃을 필요가 있다.

잠깐 일어나서 거울 앞으로 가자. 손뼉을 치며 15초 동안 크게 웃어보자. 희망이 선명하게 보이지는 않을지라도 속은 시원해질 것이다.

남는 게 없다면 통장을 쪼개라

대리점을 방문하면 "나가는 돈이 많아서 버는 게 없어요."라는 말을 종종 듣는다. 처음에는 '어떡하지? 대리점이 돈을 벌어야 될 텐데.' 하고 걱정을 했다. 그렇지만 나도 대리점을 10년 운영했기에 사업구조를 잘 알고 있는 터였다. 때문에 '이상하다. 아닐 텐데.' 하는 의심을 지울 수가 없었다.

버는 게 없다는 말을 입버릇처럼 하는 사모님이 한 분 있었다. 계속 들어 주면 안 되겠다 싶어서 어느 날 나는 작정을 하고 찾아가 재무 컨설팅을 해주겠다는 제안을 했다. 그러고는 사모님의 팔짱을 낀 채 매장 창고 안에 있는 작은 사무실로 데려갔다. 그 안에서 회사에서 입고된 1년 매출을 보여주었다. 그것은 '버는 게 없다'는 사모님의 말을 반박하는 증거였다.

"사모님! 이 정도면 버실 만큼 버는데, 뭐가 부족해서 돈을 못

번다는 말을 계속하시는 거예요?"

"버는 게 없다기보다는, 남는 게 없어서…….'"

"남는 게 왜 없어요? 이만큼 버시는데."

"나가는 게 한둘이어야죠. 상품 대금, 보험금, 직원 급여, 임대료, 교육비, 아파트 관리비, 거기다가 남편 용돈이랑 생활비까지. 이렇게 나가는 게 많으니 아무것도 안 남아요."

나는 뒷목을 잡고 말았다. 그리고 사내 웃음 강사의 위력을 보여 주었다. 눈물이 나도록 크게 웃어젖힌 것이다. 그런 내가 웃겼는지, 아니면 어이가 없었는지 사모님이 호호호 따라 웃었다. 나는 "사모님 참 귀여우시다." 하며 꽉 안아주었다. 사모님은 순순히 나한테 안기면서 슬그머니 한마디를 남겼다.

"봐. 진짜 남는 게 없지?"

진짜 남는 게 없는 것이 아니었다. 전체 매출에서 매장에 들어가는 상품 대금, 임대료, 직원 급여, 택배비, 관리비, 점포 일반경비 등을 빼고 남는 금액은 모두 사모님의 월 수입이다. 그 수입으로 남편 용돈, 보험금, 적금, 아이 학원비 같은 생활비를 사용하면 된다. 장사하는 모든 사람들이 돈을 그렇게 쓴다. 사모님은 '월수입'이 월급쟁이들은 상상할 수 없는 액수인데, 하물며 적금까지 붓고 있는데 버는 게 없다고 엄살을 떤 것이다. 그러니 내가 눈물나게 웃을 수밖에.

직장인들은 월급이 정해져 있어서 매달 일정한 금액을 사용한다. 그래서 돈의 흐름을 쉽게 파악할 수 있다. 그런데 장사하는 사람들은 매출은 물론 지출도 변동성이 높아서 체계적으로 돈의 흐름을 관리해야 한다. 이를 능숙하게 잘하는 사람도 있지만, 장사를 시작한 지 얼마 안 된 사람이나 경제관념이 부족한 사람은 애를 먹기도 한다.

돈 관리가 어려운 사람에게 '통장 쪼개기'를 강력 추천한다. 그래야만 직장인들처럼 돈 관리를 잘할 수 있다. 물론 경제관념 없는 직장인들은 제외하고.

실제로 내가 실천하고 있는 '통장 쪼개기'를 예로 들어 설명하겠다. 먼저 월급을 받는 경우이다. 다음과 같이 크게 네 가지로 통장을 쪼개면 좋다.

1. 월급 통장
2. 저축 통장
3. 생활비 통장(용돈)
4. 비상금 통장

월급 통장에 월급이 들어오면 적금, 보험료, 관리비 등 고정지출금이 다 빠져나가게 자동이체를 걸어놓는다. 그리고 용돈이나 기타 생활비는 한 달에 얼마를 사용할지 금액을 정해 생활비 통장으로 옮긴다. 얼마가 적절한지 판단이 안 서면 3개월 동안 사용한 금액의 평균을 내서 정하면 된다. 쓰지 않고 남은 돈은 매달 말일에 저축 통장으로 옮기고 생활비 통장 잔고는 0원으로 만든다. 이와 같이 달달이 되풀이한다.

비상금 통장에는 적금, 보험료, 생활비 등을 다 제한 나머지 금액 중에서 '비상금'으로 따로 떼어 둔 돈을 넣는다. 경조사비, 비정기적인 병원비 등이 비상금에 해당한다. 비상금 통장은 하루만 있어도 이자를 주는 CMA통장을 추천한다.

이렇게 비상금 통장에까지 돈을 옮겨 놓으면 월급 통장은 0원이 된다. 즉 월급 통장은 전액 빠져나가게 하면 되고, 저축 통장은 한 개든 여러 개든 그냥 두면 되고, 생활비 통장은 최대한 절약해서 쓰면 된다. 그러다 모자라면 비상금 통장에서 충당하는 것이다. 물론 비상금 통장에서 꺼낸 돈이 남으면 다시 비상금 통장으로 돌려보낸다. 비상금 통장에 돈이 많이 쌓일 경우 금액이 자유로운 정기 예금으로 예치하면 좋다.

이번엔 매장을 운영하는 경우이다.

사업 통장
월급 통장, 상품대금 통장, 직원 통장, 비상금 통장, 인테리어 감가상각비 통장, 한 달 운영비 통장, 사업 준비 통장

월급 통장
저축 통장, 생활비 통장, 비상금 통장

사업 통장에 모인 돈으로 월급 통장, 상품대금 통장, 직원 통장, 비상금 통장, 인테리어 감가상각비 통장, 한 달 운영비 통장, 사업 준비 통장에까지 금액을 정해 매달 이체시킨다. 다만 사업 통장을 0원으로 만들기는 현실적으로 어려우므로 매월 적정한 금액을 정해 쪼개는 것이 중요하다. 이 과정이 처음엔 골치 아플 수 있지만 금방 통장 관리에 능숙해질 수 있다.

무엇보다 우선되어야 할 점은 사업자가 본인이 가져갈 월급을 스스로 정하는 일이다. 월급을 정한 다음에는 사업 통장에 카드 대금과 현금 입금된 돈을 한 달간 모이게 한다. 그리고 한 달 기준으로 매월 말일에 본인이 정한 월급을 월급 통장으로 이체하면 된다. 이체가 완료되면 앞서 언급한 월급을 받는 경우의 통장 쪼개기 방식을 그대로 적용한다.

비상금 통장의 돈은 매장을 운영하면서 예기치 않은 일이 발생할 때 사용하면 된다. 사업 준비 통장에는 사업 확장이나 리뉴얼 등을 할 때 쓸 준비 자금을 넣어둔다. 적은 금액이라도 꾸준히 모으는 것이 중요하다.

한마디로 제일 중요한 것은 사업 통장과 월급 통장의 분리이다. 그래야만 사업체와 가정이 구분이 되어 성공적인 사업체와 행복한 가정을 나란히 꾸릴 수 있다. 분리하지 않으면, 글머리에 소개한 사모님처럼 될 가능성이 높다.

장사를 하다 보면 예기치 않게 돈 문제에 휘말릴 수 있다. 그때를 대비해 미리미리 돈 관리를 철저히 해두어야 한다. 효율적인 돈 관리 방법 가운데 하나가 통장 쪼개기이다. 나의 경험에서 나온 검증된 대비책이니 꼭 시도해 보기를 바란다.

목표를 향해 부지런히, 그러나 천천히

부지런한 것은 좋지만 성급함과 서두름은 경계해야 한다. 천천히 가면서 주위를 둘러보는 시간도 꼭 필요하다.

나이를 먹을수록 아옹다옹 살아봐야 별것 없다는 걸 느끼게 된다. 지난날 왜 그렇게 마음 졸이고 살았는지, 생각하면 헛웃음이 나올 정도다. 여러분이나 나나 마지막 소원은 비슷하지 않을까 싶다. 화장실만큼은 두 발로 가다가 죽는 것. 그러니 한 발 물러서서 세상을 잠시 관조하는 여유를 가져보자.

인생에서 목표를 세우는 것은 중요하다. 목표가 있고 없고에 따라 삶의 만족도는 천지차이다. 목표 없는 삶은 후회만 남을 가능성이 높다. 그런데 목표를 세운 다음 그것을 향해 빨리만 가려는 사람이 참 많다. 여러분은 천천히, 초조해하지 말고, 세상을 보면서, 때로는 목표와 조금 떨어져서, 걸어갔으면 좋겠다. 물론 한눈

팔면서 게으름 피우라는 뜻은 아니다.

솔직히 나는 오랜 세월 목표 없이 살았다. 그저 바쁘게 여기저기 헤매고 쫓아다니면서 나이만 먹었다. 그런 사람이 목표에 대해 왈가왈부하자니 내심 부끄럽다. 다시 말하지만 나는 엄마의 마음으로, 여러분이 나와 같은 실수를 할까 걱정스러워서 이 글을 쓰고 있다는 걸 기억해주기 바란다.

그래도 지금의 나는 당당하다. 목표라는 집을 지었기 때문이다. 주인인 나를 늘 기다리고 있는 예쁜 집. 그 집은 나에게 매일같이 이야기한다. 서두르지 말고 조심히 오라고. 잠깐 딴 길로 빠지더라도 어차피 집으로 돌아올 테니 무작정 달리지는 말라고.

나는 목표를 향해 가다가 힘들 때 찾는 곳이 있다. 그곳에 가면 없던 힘도 막 솟아난다. 바로 동대문 밤시장이다. '새벽시장'이 보편적인 호칭인데, 나는 '밤시장'이라고 부른다. 아무리 힘들고 지치더라도, 또 외롭더라도 밤시장에만 가면 신이 난다. 보약 먹은 사람처럼 활기차게 잘도 돌아다닌다.

밤시장 식구들에게 밤은 아침이다. 나는 그분들의 아침이 행복하라고 소소한 물건이라도 한두 개 꼭 산다. 물론 내 자신이 행복해지고 싶은 마음 때문이기도 하지만. 그런데 내가 물건을 안 사더라도 밤시장은 나한테 행복을 담뿍 안겨 준다. 상인들이 바삐 가게를 열고, 지게꾼 아저씨가 씩씩대며 물건을 나르고, 여기저기서 흥정하고 수다를 떨고……. 이 분주하고 시끌시끌한 풍경이 나에게는 행복이다.

밤시장은 혼자 가도 좋고 여럿이 가도 좋다. 나도 팀원들과 한두 번 같이 갔는데, 모두들 신세계라며 아주 좋아했다. 그렇지만 나는 혼자 가는 일이 더 많다. 가서 좋아하는 옷, 신발, 가방 따위를 구경하는 재미가 쏠쏠하다. 또한 VMD^Visual Merchandising 업무를 하다 보니 유행하는 칼라, 패턴, 디스플레이 등을 찬찬히 보고 눈에 넣어오는 일도 빼먹지 않는다. 밤시장을 돌고 오면 새벽을 여는 그 기운을 한 움큼 가지고 온 느낌이다. 그래서일까. 목표를 향해 가는 발걸음이 한결 가벼워진다.

젊은 시절 나는 목표를 향해 허둥지둥 나아가기만 하다가 실패한 경험이 있다. 〈이브자리〉에서 디자이너로 일하던 때였다. 그때 남대문 시장에서 옷 장사가 너무 하고 싶었는데, 회사 전체가 "네가 무슨 옷 장사냐?" 하며 뜯어말렸다. 그래도 굽히지 않자 회사에서는 마지못해 허락해 주었다. "해봐라. 그게 얼마나 힘든지 알아야 네가 포기하지."라는 말과 함께.

나는 자신감에 차서 남대문 시장의 '에스테' 상가에 작은 매장을 열었다. 밤 11시에 개장해서 아침까지 장사를 했지만 별로 힘든 것을 몰랐다. 내가 디자인한 옷이 팔려나가는 일이 그저 신기하고 재미있기만 했다. 하지만 시간이 지나자 달라졌다. 밤낮도 바뀌었지, 매일 디자인 샘플 만들어야지, 직접 원단을 사다 공장에 넣어줘야지, 손님들은 수시로 속을 뒤집어놓지, 애로사항이 한둘이 아니었다. 게다가 거칠고 드센 주변 상인들 때문에 외롭기까지 했다. 결국 나는 몇 개월 만에 두 손 들고 말았다. 피골이 상접해진 채 회사로 머리 숙여 다시 돌아왔다.

다시 생각해도 정말 보기 좋은 패배다. 그 시절 한 발 물러서서 바라볼 줄 아는 여유가 나는 없었다. 그저 달릴 줄만 알았고 달리는 것만이 최고인 줄 알았다. 그러다가 제풀에 지쳐 나가떨어지고 만 것이다.

지금은 100세 시대를 넘어 120세 시대라고들 한다. '재수 없으면 150살까지 산다!'라는 우스갯소리도 곳곳에 나돈다. 그만큼 갈 길이 멀다. 자칫 오래 사는 것이 재앙이 될 위험도 있다. 친구 아들이 이렇게 말했단다. 자기도 살기 힘드니 엄마는 알아서 살라고. 늙으면 각자 잘 살자고. 그 말을 들은 친구는 '이노무시키'라는 욕이 툭 튀어나올 뻔했다고 한다. 그런데 곰곰 생각해 보니 아들의 말이 현실적으로 다가와 서운함이 가라앉았다고 한다. 아들도 나이 먹으면 세상 어떤 부모가 염치없이 의지하겠는가. 그건 서로에게 재앙이 될 수 있다.

아무튼 긴 인생에서 맞닥뜨릴 온갖 재앙을 이겨내려면 목표를 세워야 한다. 다만 목표를 향해 부지런히 가되 서두르지 말고, 자기 자신과 주변을 돌아보며 가는 것이 중요하다.

　장사하는 사람들의 일차적인 목표는 장사가 흥하는 일일 것이다. 그 목표를 이루려면 장사에 더 매달려야 하는데, 그래서 시간이 늘 부족할 것이다. 하지만 목표를 향해 달리지만 말고 때로는 천천히 걷는 여유도 가지기를 바란다. 목표를 향해 바르게 가고 있는지, 더 큰 가치를 잊고 일차적인 목표에만 목을 메고 있는 건 아닌지, 차분하게 숨 고르는 기회를 가지면 삶이 한결 밝아질 것이다. 긴 세월을 힘들지 않게 살아갈 수 있을 것이다.

chapter 3

나보다 잘되는 사람들의
성공 노하우

1.
손님을 부르는 사업 마인드

내가 볼 때 매장의 성공은 운영하는 사장님들의 마인드에 달려
있다. 사장님들의 마인드에 따라 매장에는 빛과 그림자가 교차한
다. 이제 남다른 마인드로 매장을 운영하는 〈이브자리〉 대리점 사
장님을 두 분 소개하고자 한다.

〈이브자리〉는 정상 상품과 기획 상품의 발주일자가 각각 다르
다. 선 발주, 후 생산 체제이기에 두 상품 간에 터울을 두고 주문해
야 한다. 기획 상품의 경우 발주가 워낙 많아 두 달 전에 주문을 받
아 생산에 들어간다. 먼저 소개하는 사장님은 두 달 후를 미리 예
측하는 분이다.

이분은 본인의 경험, 경제, 날씨 등을 모두 고려해서 두 달 후
판매할 기획 상품을 주문한다. 그리고 자신 있는 기획 상품이나

봉사 상품 한두 가지를 선택해 일주일 정도 판매할 양을 다시 주문한다. 이제 계획했던 '두 달 후'가 되면 주문했던 상품들을 받아 평소 하던 대로 장사를 한다. 이 대리점은 보통 2주까지는 그럭저럭 장사를 하다가 장사가 주춤하는 모습을 보이면 바로 이때 고객들에게 문자를 띄운다.

"질 좋은 상품을 고객님을 위해 특별히 준비했습니다."

특별히 준비한 상품이란 바로 일주일 정도 판매할 양을 별도로 주문했던 기획 상품이나 봉사 상품을 가리킨다. 이 주문법은 고객을 불러들이는 사장님만의 노하우다.

〈이브자리〉는 거품마진이 없는 정직한 가격으로 판매하므로 기획 상품이나 봉사 상품은 비교적 저렴하다. 원래는 판촉 행사를 계획해서 파는데, 이 사장님은 상투적인 판촉 행사와는 거리를 둔다. 그때그때 필요한 상품을 콕 집어 고객에게 알려주는 서비스로 이 상품들을 활용한다. 그 방식이 좋은 반응을 이끌어낸다. 기존 매출은 기존 매출대로 유지하고, 다시 틈새 매출을 올리는 독특한 방식이다.

이 사장님의 마인드를 굳이 표현하자면, '사업 마인드'라 말할 수 있겠다. '장사 마인드'보다는 '사업 마인드'로 접근하는 것이 성공에 이르는 지름길이다. 나도 처음 장사를 할 때는 장사 마인드가 강했다. 컨설턴트로 활동하는 요즘에서야 사업 마인드가 자리 잡은 듯하다.

〈이브자리〉는 어떤 경쟁사에도 없는 '속통 체험 존'을 가지고 있다. 시장 안이나 작은 매장 빼고는 거의 다 체험 존이 있다. 대부분의 사람들은 옷은 입어보고, 신발은 신어보고 산다. 입어 보고 신어 봐야, 즉 체험을 해봐야 안심이 되기 때문이다. 그런데 침구류는 체험을 하고 구입하는 사람이 드물다. 체험이 필요 없다고 생각하는 고객이 많아서일까? 그보다는 아마도 매장에 체험 공간이 없어서일 것이다.

〈이브자리〉를 찾은 고객이라면 속통 체험 존을 적극 활용하기를 바란다. 적어도 하루 6~7시간을 쓰고 몇 년을 함께하는 베게는 꼭 체험하는 게 좋다. 베개가 딱딱한지 부드러운지만 보고 사는 사람이 굉장히 많은데, 침구 업계 33년차의 베테랑으로서 몹시 안타깝다. 베게는 자신의 목에 맞게, 과학적인 측정자로 올바르게 측정해서, 직접 체험해보고 사는 것이 제일 좋다. 똑바로 누워 자는 사람, 옆으로 누워 자는 사람에게 알맞은 베개가 서로 다르다. 몸에 꼭 맞는 베개를 찾는 데 공을 들이자. 옛 어른들이 잘 먹고, 잘 싸고, 잘 자면 행복하다 했다. 베개 때문에 행복을 잃는 어리석음을 범하지 말자.

타퍼 또한 체험을 하고 구입해야 후회가 없다. 타퍼를 선택할 때는 몸무게에 따라 체압을 흡수하고 분산시키는지, 내구성은 좋은지, 열을 흡수한 뒤 빠르게 배출시켜 시원한지, 지지력이 우수한 고탄성 폼을 사용했는지 등을 꼼꼼히 알아보는 것이 중요하다. 이를 알아보려면 당연히 제품 설명서를 신중하게 읽어야 한다. 하지만 직접 누워 봐야 이런 점들을 생생하게 체감할 수 있다. 누워 보고 뒤척일 때 몸이 불편하지 않다고 느끼면 그것이 좋은 타퍼일 확률이 높다.

여행, 출장 등이 빈번해진 요즘에는 호텔에서 잠을 자는 경우가 많다. 그래서 몇 년 전부터 구스 이불 속통이 유행이다. 구스를 살 때는 엄격한 품질의 충전물을 사용했는지, 필 파워(압축한 후 부풀어 오르는 복원력) 수치는 높은지, 직접 세척 가공을 했는지, 숨 쉬는 커버를 사용했는지, 알레르기 케어 가공을 했는지 등을 확인하는 것이 좋다.

어쩌다 여러 가지 제품을 거론하게 되었는데, 두 번째 사장님을 소개하기 위한 사전조치였다. 이 모든 상품을 체험 유도법으로 잘 파는 사장님이 있다. 사장님의 매장은 인구도 적은 지방 소도시에 자리하고 있는데, 항상 매출 상위를 기록해 여러 매장의 부러움을 사고 있다. 사장님의 장사법은 지극히 단순하다. 체험에만 승부를 건다. 어떻게든 고객이 체험을 하도록 유도해 제품에 대한 만족도와 신뢰를 심어주는 것이다.

두 사장님에게는 공통점이 있다. 바로 사업 마인드다. 두 분은 본인들이 하는 사업의 비전과 미션을, 핵심가치의 발전 방법을, 올바른 고객 관리 방향을 똑똑히 알고 있다. 그분들의 성공은 이러한 사업 마인드로 빚어진 당연하면서도 값진 결과이다.

'나는 지금 어떤 마인드를 갖고 있지?'

이 순간 자기 자신에게 직접 물어보기를 바란다. 만족스러운 대답을 들었는가? 여태 볼품없는 마인드로 살았냐는 꾸지람만 들었는가?

마인드는 행동을 바꾼다. 마인드는 넘어져도 일어날 수 있는 힘을 준다. 성공하고자 마음 먹었다면 마인드를 새롭게 하자. 여러분은 나보다 훨씬 나은 사람이니 마인드의 변화로 성공을 붙잡을 수 있을 것이다.

빵집에서 69,000원을 쓴 이유

대리점을 오픈하는 사장님들을 대상으로, 한 달에 한 번씩 '신규 오픈 교육'을 한다. 나는 디스플레이 방법, 예단 포장 교육, 행사 판촉, 대리점 운영 노하우 등을 맡아 3시간을 강의한다. 강의 때마다 2시간 30분을 넘었을 무렵 내가 꼭 던지는 전제가 있다.

"가장 중요한 건데, 잊으시면 안 됩니다."

잊어선 안 될 그것은 바로 '고객관리'이다. 나는 이 말을 정말이지 유언처럼 한다.

고객관리를 잘하면 월급을 안 줘도 되는 영업 사원을 채용하는 효과를 누린다. 그것도 일을 아주 잘하는 사원과 함께할 수 있다.

내가 속한 팀에서는 한 권에 고객 400명을 적을 수 있는 노트를 대리점에 선물한다. 그리고 또 고객 전화번호만 누르면 구매한 포인트가 기록되고 판촉행사 시 알림 기능까지 있는 프로그램도 있다. 이렇게 좋은 고객관리 노트와 시스템까지 있는 데도 불구하고 고객관리를 등한시하는 대리점이 있다.

나는 오지랖 넓게 우리 동네 각종 상점들의 고객관리 실태를 조사해봤다. 그 결과 슈퍼마켓, 세탁소, 다이소, 배달 음식점 외에 대부분 안 하고 있다는 사실을 알아냈다. 우리 동네만 그런 건지는 모르겠지만, 장사하는 사람에게 꼭 필요한 고객관리를 왜 안하는지 의문이다.

요즘은 다들 바쁘게 산다. 그래서 바쁜 고객에게 문자로 신상품이나 한정상품 정보를 알려주면 좋다. 대부분의 고객이 영양가 높은 정보를 쉽게 얻는 것에 만족한다. 물론 귀찮다고 싫어하는 고객도 있는데, 그런 고객에게는 발신을 삼가면 된다.

새롭게 오픈한 매장일수록 고객의 정보를 모으는 데 정성을 다하기를 바란다. 요긴하게 쓰일 일이 분명히 있을 것이다.

대리점 가운데 고객관리 하나로 장사를 잘하는 매장이 있다. 10년 된 매장인데, 고객 수는 9,400명이다. 이곳 사장님은 판촉행사를 할 때 고객에게 안내 문자를 보낸다. 보통 판촉행사 기간은 2주인데, 문자를 받은 고객의 10%만 온다면 940명, 아니 1%만 온다 해도 94명이다. 판촉행사 시엔 아무 광고 없이 현수막 한 장만 달랑 걸어도 평소보다 고객이 늘어난다. 안내 문자를 보내면 2주 동안 최소 100명쯤은 확보할 수 있다. 하루에 7명씩은 더 오는 셈이다. 그러면 고객 1명당 150,000원씩 계산해도 매일 100만 원이 넘는 매출을 더 올릴 수 있다. 이렇게 좋은 것을 왜 안 하는지 도통 모르겠다.

장사하는 사람은 고객을 끌어당기는 노하우가 있어야 한다. 그런데 대관절 그 노하우는 어떻게 만들어낼까?

평생 잊지 못할 제과점이 있다. 일주일에 목, 금, 토 딱 3일만 영업하는데, 그나마 오후 2시에 문을 열어 저녁 7시에 문을 닫는 제과점이다. 배달도, 납품도, 도매도 하지 않는다. 대표 메뉴는 마카롱과 바닐라 스퀘어 케이크 정도이다. 하물며 매장 내부가 작아 앉아서 먹을 공간도 없다. 주차장도 없고.

이 제과점을 처음 알게 된 건 〈서민 갑부〉를 통해서였다. 부녀가 출연했는데, 아버지는 간판 없는 숯불 불고기집을, 딸은 아버지 식당과 멀지 않은 곳에서 제과점을 운영했다. 아버지와 딸, 둘 다 대박을 치는 주인공이기에 방송을 탄 것이다.

내 관심을 끈 것은 아버지보다는 딸이었다. 주 3일, 5시간씩만 장사하는데, 일 매출이 400만 원이 넘는다니, 관심이 안 갈 수가 없었다. 나는 얼마나 맛있고 장사를 잘하면 그럴까 너무 궁금해 가보기로 했다. 먼저 아버지의 불고기집에서 밥을 먹고 딸의 제과점에 들러 마카롱을 사자는 계획을 세웠다.

아들과 동행해 직접 차를 몰고 찾아간 곳은 한산한 시골 동네에 가까웠다. 우리는 먼저 불고기집에서 든든히 배를 채우고 제과점으로 이동하려고 무거워진 엉덩이를 뗐다. 그런데 가는 날이 장날이라고, 하필 일요일에 길을 떠났던 우리는 제과점은 일요일에 열지 않는다는 비보를 들어야 했다. 너무 아쉬웠지만 그대로 돌아설 수는 없었다. 나는 제과점이 어떻게 생겼나 보기나 하자며 아들을 끌고 갔다.

딸의 제과점은 롤 스크린이 무심하게 내려져 있었다. 그런데 간판도 없고, 또 조그마해서 대박을 치는 제과점이라는 생각이 좀체 들지 않았다. 그러니까 더욱 호기심이 동했다. 나는 다음에 꼭 다시 오리라 마음먹고 발길을 돌렸다. 그날 건진 것은 딸이 스물다섯인데, 명문대 미대를 나와서 제과점을 차렸다는 사실뿐이었다.

어느 토요일, 다시 아들을 대동해 길을 나섰다. 2018년 1월 13일, 강력한 추위가 기승을 부린 날이었다. 우리 모자는 그때처럼 아버지 가게에서 점심을 먹고, 이어서 제과점으로 향했다. 오픈까지 1시간 남아 있었지만 차 안에서 기다리기로 했다. 그런데 웬일인가. 아직 1시간 전인데도 제과점 앞에 긴 줄이 이어져 있는 게 아닌가. 차 안에서 여유롭게 기다리고 있을 처지가 아니라는 생각에 우리는 차에서 내려 얌전히 줄을 섰다. 그러지 않았으면 큰일 날 뻔했다. 줄은 새카맣게 길어졌고 동네가 주차장으로 변해버렸기 때문이다. 대충 70~80명은 넘어 보였는데, 꽁꽁 언 한파에 그 정도면 대단한 인파였다.

드디어 제과점의 문이 열렸다. 하지만 매장이 너무 작아 한 번

에 10명씩만 입장이 가능했다. 몇 차례 입퇴장이 반복되고 내 차
례가 돌아왔다. 기대를 잔뜩 앓고 들어간 나는 조금 당황스러웠
다. '이게 뭐지?' 할 정도로 빵이 적었기 때문이다. 가격은 만만치
가 않았다. 1박스에 6개들이 마카롱이 12,000원이나 나갔다. 그
것도 한 사람당 2박스 한정 판매였다. 나는 아들과 둘이라서 4박
스를 샀고, 이것저것 더 담아 69,000원이 되었다. 그리고 제과점
을 나오니 뭔가에 홀린 기분이었다.

'무슨 빵집에서 69,000원이나 썼을까?'

그 제과점은 어떻게 그 많은 고객을 끌어들였을까? 실로 크나
큰 충격이었다. 장사를 잘 모르는 순수한 대학생인 아들도 충격을
받았다고 고백했다. 훗날 알아보니 SNS와 파워 블로그로 고객을
끌어들였다고 한다.

사업을 하는 사람은 생각하고 또 생각해야 한다. 그 '충격적
인' 제과점처럼 고객을 사로잡을 수 있는 자신만의 방법을 찾아
야 한다.

한 가지 팁을 준다면 아줌마 고객은 특별히 더 신경 써서 관리
하는 것이 좋다. 다양한 업종에서 아줌마들은 중심 소비자 역할을
한다. 아줌마들의 발길이 끊어진 매장이 번성하는 경우는 보기 어
렵다.

"잘 샀네!"

아줌마들은 자신이 사들인 물건에 대해 이런 평을 들어야만 직성이 풀리는 군단이다. 아줌마들이 '잘 살 수' 있도록 매장을 운영하자. 아줌마 고객 관리에 목숨을 걸자.

아직도 탓하고 있습니까?

먼 지방의 한 대리점에서 지원 요청이 와서 팀원 한 명과 기차를 타고 내려갔다. 어머니와 아들이 손잡고 운영하는 매장인데, 사모님은 디스플레이에 변화를 주어 매장 분위기를 바꾸고 싶어 했다. 장사도 예전보다 안 돼서 고민이니 어떤 것이든 와서 도와 달라고 부탁했다.

사모님의 매장은 공간이 넓은 데도 불구하고 잡다한 집기들이 너무 많았다. 사모님이 나름 정리를 해둔 티는 났지만 전체적으로 어수선하기 짝이 없었다. 혼수와 예단이 잘 나갈 시기라 구스 속통을 앞쪽에 진열해놓았는데 영 예쁘지가 않았다. 사모님은 신상품을 어디에 두어야 할지, 판촉을 어떻게 해야 할지 등도 고민이라고 했다.

대리점에 가면 제일 어렵고 신경 쓰이는 점이 집기 레이아웃이다. 내가 생활하는 곳도 아닌데 어떻게든 눈에 띄는 변화를 이뤄야 하니 엄청 부담스럽다. 게다가 〈이브자리〉 매장은 대부분 넓어서 전체 집기를 옮기려들면 장난이 아니다.

집기 레이아웃을 통해 꼭 실현해야 할 점이 몇 가지 있다. 무엇보다 돈이 흐르는 동선을 잡아야 한다. 고객을 이리저리 끌고 다니지 않으려면 상품의 연결성도 고려해야 한다. 매장 밖에서 보았을 때 안정감 있게 보이는 것도 중요하다.

네 명이서 이 막대하고도 엄중한 작업을 실행했다. 가구를 이리 빼서 저리 옮기고, 저건 버리고 하며 정신없이 움직였다. 신기하게도 집기와 상품을 흩트려 놓으면 꼭 손님이 오는 법이라 작업 속도는 늘 빨라야 한다. 그렇게 쉴 새 없이 서너 시간을 일해서 보기 좋게 배열했더니, 사모님과 아들인 2세 점장님이 무척 좋아했다. 그리고 우리 넷은 서로 잘했다고 칭찬을 나눴다.

어느덧 저녁 시간이 되어 밥을 먹으면서 다음 이야기를 나누기로 하고 식당으로 자리를 옮겼다. 매장 문을 닫을 수 없으니 2세 점장님은 매장에 남고 사모님만 동행했다. 그런데 저녁 식사 자리에서 사모님이 정말 내가 듣고 싶은 이야기를 쏟아내기 시작했다.

"수십 년 동안 혼자 매장을 일구었어요. 나이 들어 아들과 함께 장사를 하고 있는데, 부딪치는 게 많네요. 아들과 직원한테 맡기고 나는 한 발 뒤로 물러났더니, 되레 아들은 장사에 소홀해졌어요. 어깨에 힘들어 간 행동도 가끔 하고. 자연히 매출도 떨어졌지요. 한 번 떨어지기 시작하니까 금방 곤두박질치더라고요."

사모님은 이건 안 되겠다 싶어서 결단을 내렸다고 한다. 아들에게 이 사업을 계속 할 거면 혼자 일어나는 모습을 보여야만 당신이 돕겠다고 엄포를 놓은 것이다. 그 결단의 실행 중 하나로 본사에 지원 요청을 한 것이다.

사모님은 매장이 새로워져서 기운이 난다며 다시 한 번 나와 팀원에게 감사를 건넸다. 그러면서 이런 말을 덧붙였다.

"장사하면서 일이 안 풀리면 남 탓을 많이 했어요. '고객이 왜 이래?', '본사는 뭐하는 거야?' 하며 불평을 했지요. 그런데 한 발 물러나서 보니까 다 내 탓이더라고요."

사모님은 내 손을 따뜻하게 잡아주기까지 했다.

"아들한테 단단히 말했어요. 한동안 나 없이 직원이랑 다 하고, 자리 잡으면 그때 나를 부르라고. 다행히 아들도 따라줘서 모처럼 희망이 보였는데, 본사에서 이렇게 멀리까지 와서 내 집처럼 잘해주니 정말 고마워요."

나는 사모님의 얼굴에서 내 얼굴을 보았다. 나도 매사 불평불만에, 툭하면 남 탓만 하고 살아온 이력이 있기 때문이다. 나도 변화하려 배우려고 노력하지 않았다면 여전히 신경질만 내고 살았을 것이다. 나와 비슷한 과정을 겪은 사모님이 변화를 성공적으로 이루어가고 있다 생각하니 정말 기분 좋고 감사했다. 얼굴도 예쁘고, 분위기도 내 스타일이고, 뭐 하나 빠지는 것 없는 사모님이 말이다.

사모님의 솔직하고 겸손한 모습에서 나는 대리점의 미래를 보았다. 지금도 충분히 괜찮지만 앞으로 더 번창하리라 확신했다. 사모님은 나에게 좋은 책을 추천해달라는 부탁까지 했다. 그래서 몇 권 추천해주고, 덤으로 성공까지 기원해주었다. 나는 사모님 덕분에 모처럼 피곤이 싹 가시는 하루를 보냈다.

여러분은 지금 누구 탓을 하며 주저앉아 있는가? 정치가 어때서, 경제가 어때서, 고객이 어때서, 이렇게 힘 빠지는 소리만 늘어놓고 있는가? 혹시 그렇다면 이제 모든 것을 내려놓고 스스로와 마주하기를 바란다. 그리고 변화하자고 스스로에게 말하자.

심리학 박사 존 바그는 힘 빠지는 말과 단어를 보면 실제로 몸의 힘이 빠져 나간다고 했다. 정말 무서운 말이다. 자신도 모르게 부정적인 말들을 스스럼없이 하지는 않았는지 되돌아볼 필요가 있다. 또한 말과 생각에는 예언적인 힘이 있어서 한 사람의 운명을 바꾼다고도 한다. 여러분이 말과 생각으로 운명을 멋지게 개척하기를 바란다.

공부하면 예뻐진다

〈이브자리〉 대리점 400개 중에 디스플레이를 제일 잘한 매장을 꼽으라면 단번에 떠오르는 매장이 있다. 매장 문을 여는 순간 "어머, 예쁘다 예뻐!"라는 감탄사가 입에서 바로 나온다. 20년 전에도 그랬고, 10년 전에도 그랬고, 지금도 그렇다. 그 매장을 한마디로 표현하면 '예쁜 그릇에 담긴 정갈한 음식' 같다.

이 매장은 디스플레이를 참 잘한다. 벽장의 상품은 고객이 보여달라 할 때 즉시 보여줄 수 있도록 수시로 디스플레이를 바꾸고, VP visual presentation존과 침대는 매주 월요일에 무조건 디스플레이를 바꾼다. 선반장도 늘 단정하게 정리하는데, 특이한 것은 맨 아래 칸에 흰색 이불을 진열한다는 점이다. 흰색 이불을 진열하는 매장은 이 매장이 유일하다. 쉽게 더러움을 타기 때문에 다른 매장은 흰색 진열을 꺼린다. 본사에서 출고되는 상품은 가방이나 비닐봉지에 담겨 있는데, 흰색 상품은 그 포장을 벗기지 않은 채 진열하는 경우만 있을 뿐이다.

이불을 개서 쌓아두는 솜씨 또한 일품이다. 상품이 많이 입고될 경우 선반장 위에 디스플레이를 하기도 하는데, 이것까지 세심하게 신경 쓰기는 어렵다. 그런데 이 매장은 선반장 위에 올라가는 이불도 하나하나 각을 잡아 접는다. 한 걸음 물러서서 보면 줄이 딱 맞아 혀를 내두르게 된다. 이불은 접다 보면 접힌 부분이 튀어나올 수 있는데, 이 매장에서는 튀어나온 부분을 어디에서도 찾아볼 수 없다.

매장의 청결도 또한 늘 최상이다. 매장이 얼마나 깨끗하고 정리정돈이 잘되어 있는지, 이것만으로도 상품 가치가 확 올라간다. 이와 같이 매장 환경이 우수하니 손님들에게 "매장이 참 예뻐. 다른 가게는 못 가겠어."라는 칭찬을 자주 받는다고 한다. 당연한 반응이다.

나는 디스플레이를 어려워하거나 실내가 어수선한 대리점에 가면 이 매장을 본보기로 든다. 시간 내서 가보라는 말까지 건넨다. 또한 내가 매장 환경 꾸미는 일을 도울 경우 이 매장을 참고하기도 한다.

디스플레이라는 것이 기술과 세련미도 필요하지만, 선과 각만 잡아서 진열해도 80점은 나온다. 또한 상품의 색깔은 이것저것 섞지 말고 핑크 계열만, 그레이 계열만, 블루 계열만 묶어 진열하는 것이 좋다. 이는 디스플레이의 기본으로, 〈이브자리〉 대리점에만 해당되는 이야기가 아니다.

나는 침구 디자이너 출신이라 디스플레이에 자신이 있었지만 처음 컨설턴트로 일할 때는 내심 걱정이 많았다. 내 매장만 관리하다 다른 사람의 매장에 손을 대려니 긴장을 안 할 수가 없었다. 그래서 디스플레이 감각을 더 키워야겠다는 마음에 주말마다 백화점을 찾았다. 맨 위층부터 한 층씩 아래로 내려오면서 다양한 매장들의 디스플레이를 눈에 익혔다.

처음에는 그저 "와, 예쁘다!" 소리만 튀어나왔다. 그런데 시간이 지남에 따라, '지난번에 저쪽에 있던 상품을 여기 놓으니까 더 좋네', '소품을 이용하니까 상품이 멋져 보이네' 하는 안목이 생기기 시작했다.

그렇게 1~2년을 보내자 나름의 디스플레이 세계가 만들어졌다. 그리고 지금도 한두 달에 한 번, 계절이 바뀔 시기에는 더 자주 백화점에 가서 공부한다. 감각을 유지하기 위한 나만의 방법이다. 그 영향인지 모르겠지만 주변에서 옷을 감각 있게 잘 입는다는 소리를 듣곤 한다. 스스로를 디스플레이하는 실력도 늘은 모양이다.

우리나라에는 VMD visual merchandising 학과가 공식적으로는 없는 것으로 알고 있다. 2년 전에 내가 VMD 전공자를 채용하려고 대학의 학과들을 조사했다가 알게 된 사실이다. 경북 경산에 있는 대경대학교에만 '공간연출 VMD과'가 있었고, 다른 대학에서는 찾지 못했다. 지금은 어떤지 모르겠다. 여하튼 디스플레이에 관계된 일을 하는 사람들은 대부분 미술이나 인테리어, 아니면 패션 전공자라고 알고 있다.

그런데 유명 백화점에 근무하는 사람 중에는 외국에서 VMD를 공부한 인재들이 꽤 있다고 한다. VMD에 관한 전문가 집단이 모여 백화점 디스플레이를 하니 얼마나 잘하겠는가. 나는 그런 곳을 자유롭게 다니면서 공부하고 있으니 정말 감사한 일이다. 누구든지 디스플레이를 잘하고 싶다면 백화점으로 가기를 권한다. 다만 나의 경우 한 가지 문제가 있었다. 백화점에 들어갈 때는 빈손인데, 나올 때는 늘 손에 무언가가 들려 있었다는 사실이다. 여러분은 내가 겪은 문제쯤은 단숨에 해결하리라 믿는다.

다시 본론으로 돌아와서 여러분에게 질문한다. 여러분이 살고 있는 집은 어떠한가? 여러분의 매장 환경은 어떠한가? 깨끗하게 정리정돈이 잘되어 있는지, 아니면 정신이 없는지 돌아보자.

디스플레이가 어렵다면 청소라도 하면 된다. 집기나 가구 등을 정돈하거나 살짝 이동만 해도 한결 분위기가 좋아진다. 무엇을 하든 가만히 손 놓고 있는 것보다는 나으니 움직여보자.

무언가 새로운 것을 할 수 있는 사람은 자기 자신뿐이다.

문제를 찾고 답을 향해 달려라

《창업자금 23만원》이라는 열정적인 책 한 권을 만났다. 남양주에서 GS 25시를 운영하는, 이름도 마음도 예쁜 전지현 작가의 책이다. 책을 읽고 감동받은 나는 장사를 어떻게 이렇게 잘할까 궁금하기도 하고, 집과 가깝기도 해서 한 수 배우자는 마음으로 만남을 청했다. 모르는 사람의 전화를 반갑게 받아준 그녀는 만남의 요청에도 기꺼이 응해주었다.

전지현 작가의 편의점은 상당히 넓었다. 쇼핑 카트가 마련되어 있을 정도였다. 그 넓은 공간이 깨끗하고 정리정돈이 잘되어 있으니 더욱 시원하게 느껴졌다.

"상품 진열은 과학이고 심리학이며 예술이다."

작가는 저서에 밝힌 본인의 말처럼 상품을 진열해두고 있었다. 상품 스스로가 시선을 끌 수 있게 소품이나 도구를 활용한 점, 동선의 흐름을 배려한 상품 배치 등이 감탄을 자아내게 했다.

장사가 잘되는 편의점이라 그런지 온기가 풍성하게 느껴졌다. 직원들도 그 온기에 한몫했다. 손님이 들어오건 나가건 웃으면서 일일이 인사를 건넸다. 그 모습에 '음, 역시!' 하고 감탄하고 있는데, 작가가 나를 사무실로 안내했다. 사무실 안에는 또 다른 감동이 기다리고 있었다.

사무실 문을 열자 직원들 사진이 붙은 벽보와 마주쳤다. 벽보에는 '우리가 주인입니다'라는 문구와 '근무자 다짐서 10가지'가 적혀 있었다. 더욱 인상적인 것은 직원들이 어떤 자세로 근무할 것인지 스스로 한 줄씩 써놓은 글이었다. 전지현 작가는 최고의 직원 교육은 경영주의 솔선수범이라고 당당하게 이야기했는데, 그녀가 얼마나 자신의 말을 실천하며 사랑과 정성을 쏟는지 벽보를 보고 알 수 있었다.

이어서 계단을 타고 한 층 올라가니 'GOAL 700'이라 쓰인 커다란 종이가 붙어 있었다. 그 문구는 평균 일매출의 목표를 700만 원까지 올리자는 의미였다. 종이에 써서 벽에 붙이기까지 한 이유는 직원들과의 약속임을 잊지 않기 위함이었다. 목표를 향한 작가의 남다른 의지를 엿볼 수 있는 대목이다.

우리나라 편의점의 평균 일매출은 170만 원이다. 그런데 일본 편의점의 평균 매출은 700만 원이라고 한다. 이것이 'GOAL 700'이 탄생한 배경이다. 작가가 운영하는 편의점의 평균 매출은 우리

나라 평균치보다 높지만 아직 700만 원까지는 아니다. 하지만 머지않아 이룰 거라고 나는 기대한다. 목표를 이루겠다는 작가의 결심과 그 행동이 너무도 뜨겁고 생생하기 때문이다.

한 예로, 빼빼로 데이 작업을 꼽을 수 있다. 작가는 빼빼로 데이 열흘 전부터 자신의 집에 여럿이 모여 빼빼로를 이용한 고유한 '작품'을 만든다고 한다. 이 작품에 힘입어 빼빼로 데이 당일에 매출 1,000만 원을 돌파한다니 놀라지 않을 수가 없다. 이렇게까지 공을 들이고 노력을 하니 손님을 끌어 모으지 못할 이유가 없다. 작가의 편의점 근처에 대형 슈퍼마켓이 있는데도 불구하고 편의점에서만 장을 보는 사람들이 있을 정도다. 특별한 편의점으로 목표를 이루어가는 전지현 작가에게 아낌없이 박수를 보낸다.

여러분은 이 편의점의 성공 사례를 보고 어떤 생각이 드는가?

장사든, 공부든, 음악이든, 못하는 사람들은 항상 '탓'만 한다고 한다. 반대로 어떤 분야에서든 잘하는 사람들은 항상 '문제'를 찾는다고 한다. 문제를 찾아서 연구하고 해결책을 찾으려 노력해야만 성공의 문이 열리는 법이다.

'문제를 찾아서 연구하고 노력해서' 100년 이상 지켜온 기업이 일본은 27,300개에 달한다고 한다. 2등은 중국으로 1,600개, 다음으로는 독일 890개, 미국 650개, 스위스와 네덜란드 350개 순이다. 그 외 영국, 프랑스, 스웨덴, 이탈리아 등도 300개 이상으로 추정된다고 한다. 정말 많은 수다. 우리나라에서 가장 오래된 기업은 아마 1896년에 시작된 두산 그룹일 것이다.

〈이브자리〉의 경우 2019년인 올해 43주년을 맞이한다. 내가 몸담은 회사여서가 아니라 〈이브자리〉도 '문제를 찾아서 연구하고 노력하는' 기업이라 감히 평가한다. 〈이브자리〉는 '100년'이 기대되는 기업이다. 아울러 전지현 작가의 편의점도 오래오래 장수하리라 예상된다. 그럴 만한 자격을 충분히 갖춘 곳이다.

정말 열심히 달려서 프랜차이즈를 이긴 한 분식점을 소개하겠다. 〈서민갑부〉에서 알게 된 뒤 내 나름대로 분석을 한 곳이다. 대구에 자리한 해당 분식점은 그야말로 손님을 자석처럼 끌어당긴다. 따라서 월 매출 6,000만 원 이상은 거뜬하다. 그런데 처음부터 번영한 것은 아니고, 5번이나 실패를 경험했다. 그래도 도전을 멈추지 않아 '5전 6기'를 이루어낸 것이다.

이 분식점은 프랜차이즈로 출발했다가 개인 브랜드로 갈아탔다. 그러면서 김밥을 홍보하기 위해 정장 차림에 반짝이는 구두를 신고 아파트를 일일이 찾아다녔다. 주민들에게 맛보기 김밥을 보여주고 신용과 신뢰를 얻어냈다. 이는 소풍 김밥에서 아이디어를 얻어 개시한 행동이었다. 시대가 변해도 소풍날엔 역시 김밥이고, 소풍날 김밥 싸는 번거로움 대신 분식집 김밥의 편리함을 선택하도록 유도한 것이다. 당연히 그 전제조건은 맛이었다.

몇 년 전 대장균 파동으로 김밥 주문이 줄줄이 취소되면서 위기를 겪기도 했다. 그때 이 분식집은 식중독 검사를 한 위생 검사서를 모든 손님에게 넣어주는 것으로 위기를 돌파했다. 지금도 한 달에 한 번 이 위생 검사서를 첨부하면서 '믿을 수 있는 김밥'으로 완전히 자리매김했다. 믿음이 쌓이면서 어린이들이 모이는 유치원의 단체 주문이 특히 늘었다고 한다. 더 놀라운 것은 많은 유치원에 안전하고 정성까지 깃든 김밥을 알리고자 직접 편지를 써서 보내기도 했다는 사실이다.

분식점이 성공한 이유는 바로 손님의 요구에 따른 변화라고 한다. 나도 이에 동의한다. 손님에게 주는 감동만큼 효과가 확실한 것도 없다. 감동을 느낀 손님은 반드시 재방문하게 되어 있다. 이 분식점은 2년 전부터 연근, 콩, 고추, 감자 농사도 손수 지어 차와 반찬으로 손님상에 올린다고 한다. 이런 정성에 그 누가 반하지 않겠는가.

"손님을 위한 끊임없는 시도는 골리앗도 이길 수 있다는 마음으로 오늘도 변화하려고, 행동하려고 노력하고 있습니다."

분식집 사장님의 이 말은 깊게 메아리가 울린다.

언젠가 장사로 성공한 사장님들의 공개 강의를 들은 적이 있다. 같은 업종은 아니지만 배울 점이 있을 것 같아 찾아가게 되었다. 가장 기억에 남는 강사는 부산 광안리에서 〈어무이〉 양곱창집을 운영하는 사모님이다. 이분은 옷차림부터가 인상적이었다. 그런데 입은 옷이 아름답고 화려해서 인상적이었다는 말이 아니다. 사모님은 예쁜 흰색 투피스 차림으로 강단에 섰는데, 그 투피스가 손님상에서 서빙할 때 입는 옷이라고 해서 놀란 것이다. 그 말에 강연장에 모인 사람들이 모두 놀랐다.

위생과 청결을 제일 먼저 신경 쓴다는 사모님은 '귀한 손님 귀하게 대하자'는 마음이 바래지지 않도록 복장을 외출할 때와 똑같이 갖춰 입는다고 했다. 기름이 튀거나 반찬이 묻으면 어떡하느냐는 질문에는 되레 이렇게 되물었다.

"귀한 손님 귀하게 대하려면, 내가 귀한 옷을 입어야 되는 거 아니에요?"

다만 앞치마는 두르는데, 그 와중에도 예쁜 옷이 보일 수 있도록 투명 앞치마만 고집한단다. 뿐만 아니라 옷을 담당하는 코디네이터까지 있다고 하니, 이 정도면 인정 안 할래야 안 할 수가 없다. 곱창을 팔아 월 1억 매출을 올린다는 사실이 충분히 수긍이 간다.

월 1억 매출의 비결이 또 하나 있다. 손수 서빙을 하는 사모님은 곱창을 구워주고 잘라주면서 '맛있어져라, 맛있어져라. 손님 입맛에 맞았으면 좋겠다.' 하고 마음속으로 염원을 한다고 한다. 이 얼마나 하늘에 닿는 정성인지, 저절로 고개가 숙여진다.

이 강의를 들으면서 사모님은 손님에 대한 사랑과 정성으로 똘 똘 뭉친 사람이라는 생각이 들었다. 정말이지 마음속이 사업 마인드로 꽉 채워져 있는 듯했다.

지금 이 순간 장사로 힘들어하는 사람이 있다면 위 사례들을 곰곰 되새겨보기를 바란다. 거듭 말하지만 성공은 행동에서 시작된다.

찬사 받기에 충분한 이유

대전에 아주 유명한 카페가 있다. 《나는 스타벅스보다 작은 카페가 좋다》와 《작은 가게 성공매뉴얼》을 쓴 조성민 작가의 '카페 허밍'이다.

책과 향기가 있는 '카페 허밍'은 작고 아담하다. 그런데도 고객 카드를 등록한 회원은 2,000명이 넘고, 하루 고객도 200명이 넘는다고 한다. 카페 허밍의 특이점은 치킨집 쿠폰을 응용한 출석 쿠폰 북이다. A5 용지에 앞뒤로 250잔을 표시해, 10잔을 채울 때마다 무료음료 쿠폰을 준다. 여기까지는 사실 별 특이점이 아니라고 볼 수도 있다. 진짜 특이점은 이제부터다. 카페 허밍은 무료음료로 정해진 음료만 주지 않는다. 제일 비싼 음료도 준다. 또한 등록 회원 2,000명의 이름이 카페 출입문 입구에 빽빽하게 적혀 있는데, 250잔을 다 채운 손님은 명예의 전당에 오른다. 그때부터는 무료음료 쿠폰에 쿠키 1개를 더 선물한다.

카페지기 조성민 작가는 고객에게 캘리그라피 펜으로 명언을 써주는 이벤트도 열었다. 고객들이 SNS에 그 작품들을 올려 저절로 카페 광고가 되었다고 한다. 정말 멋진 일이지만, 내 생각에 이보다 더 멋진 일은 '허밍웨이 독서 모임'이다. 매주 토요일 아침 7시, 일요일 저녁 9시에 열리는 독서 모임은 일주일에 1권의 책을 읽는 프로젝트이다. 모임은 2시간씩 하는데, 저자를 초청해 강의도 연다. 카페 일만 해도 바쁠 텐데, 이런 행사까지 진행하는 조성민 작가의 열정에 그저 감탄만 나온다.

카페 허밍에는 로열패밀리가 산다. 바로 1,000잔 이상 구매한 손님들이다. 로열패밀리로 선정되면 카페 허밍에서는 감사의 마음으로 크리스털 상패를 준다. 크리스털 상패라면 얼핏 구닥다리 느낌이 나지만 복고의 향수를 물씬 풍겨서 오히려 신선하게 다가왔다. 신선한 프로그램은 또 있다. 손님들에게 '버킷 리스트'를 적게 해서 파일에 넣어 보관해주는 서비스이다. 추억과 희망을 선사하는 서비스로 생각만 해도 낭만적이다.

이 특별하고 신선한 아이디어들은 조성민 작가의 고유한 운영철학에서 비롯되었다고 생각한다. 감히 판단하자면, 그는 모든 서비스의 가장 중요한 원칙을 '재방문'에 두는 듯하다. 그 원칙을 지키기 위해 손님에게 먼저 다가가려 무던히 애쓰는 모습에서 존경심마저 우러난다. 삼십대의 나이인 데도 불구하고 어쩜 그렇게 멋진 삶을 살고 있는지 부러울 따름이다. 벌써 두 권의 책을 냈고, 지금은 세 번째 책을 준비한다고 하니 참 멋지고도 멋지다.

'나는 대체 저 나이에 뭐한 거야?'

카페 허밍에 다녀온 날, 나는 이 생각으로 하루를 마감할 수밖에 없었다.

여러분은 조성민 작가의 삶을 보고 어떤 생각이 드는지 궁금하다. 역시 생각하고, 또 움직이는 것만이 답이라는 것을 아마 눈치 챘을 것이다.

이번에는 행동함으로써 고객의 마음을 얻은 메밀 국숫집 사장님이다. 개그맨으로서 《책 읽고 매출의 신이 되다》를 쓴 고명환 작가다. 나는 그 책을 읽고 작가의 열렬한 팬이 되었다. 창의력으로 장사하는 작가는 배울 점이 참 많은 사람이다.

고명환 작가의 메밀 국숫집에서는 만두 한 판에 여덟 개의 만두가 나간다고 한다. 그런데 손님이 세 명 와서 만두를 시키면 아홉 개를 가져다준다. "싸우실까 봐 하나 더 갖고 왔습니다."라는 멘트와 함께. 나는 이 글을 읽고 메밀 국숫집이 반드시 성공하리라는 직감을 받았다. 여태껏 그 많은 음식점을 다녀봤지만 만두 하나 더 주는 식당을 만나지 못했다. 만두 아홉 개는 정말 손님을 향한 탁월한 배려다.

아기 손님이 오면 아기 의자를 갖다 주면서 부모가 보는 앞에서 물티슈를 꺼내 바로 닦는다고 한다. 작지만 큰 감동을 줄 수 있는 행동이다. 부모는 자기 자식을 대접해주는 사람에게 고마움을 느낄 수밖에 없다. 고마움을 느낀 부모는 그 음식점을 반드시 재방문할 것이다.

고명환 작가의 대단한 점은 또 있다. 일주일에 한 번 직원들을 모두 퇴근시킨 뒤 혼자서 청소를 한다는 사실이다. 자신의 에너지를 불어넣어 살아 있는 매장을 만들고자 조심스럽게 어루만지며 쓸고 닦는다고 한다. 그는 청소를 하면 아이디어도 솔솔 피어오르고, 새로운 다짐과 반성도 밀려오고, 장사가 잘되는 상상까지 떠올라 이래저래 좋다고 한다.

손님이 보는 앞에서 손수 커피를 타주는 일도 탁월한 서비스이다. 그 '손맛'이 깃든 커피에 손님들은 큰 감동을 받는다고 한다. 보통 음식점들은 커피 자판기로 그만이니, 이 메밀 국숫집에서만 맛볼 수 있는 감동일 것이다. "일일이 커피를 어떻게 타주냐?" 하고 말하는 사람들도 있었다는데, 고명환 작가는 이들에게 "일일이 커피를 타주니까 성공한 거야."라고 대꾸했다고 한다. 나아가 그런 말을 하는 사람은 사업을 안 하는 게 좋다며 일침을 놓기도 했단다.

마지막으로 소개할 고명환 작가의 빛나는 아이디어는 작사 교육이다. 작가는 직접 작사를 가르쳐준다며 선착순 20명을 모집했다. 수강생들과 함께 작사를 하고 작곡은 친구의 도움을 받아 '내

남편'이라는 발라드 곡을 공동으로 만들었다. 노래를 공유도 했다. 이 작업을 마친 뒤 고명환 작가는 '고마운 사람'이라는 칭찬을 많이 받았다고 했다. 어떻게 식당에서 작사를 가르쳐 노래를 만들 생각을 했는지 정말 대단할 따름이다.

고명환 작가는 지금까지의 행보에 만족하지 않고 계속 신명나게 아이디어를 개발한다고 한다. 메밀 국숫집이 잘될 수밖에 없는 이유다. 다른 것 다 제쳐두고, 매장 활성화를 위해 쉼 없이 노력하고 행동하는 태도에 나는 찬사를 보낸다.

여러분도 충분히 찬사를 받을 능력이 있다. 어떤 장사를 하든 손님을 먼저 생각하자. 그리고 손님을 위해 행동하자. 그 결과는 자신에게 돌아온다.

chapter 4

나를 일으켜 세운
비밀

비가 오나 눈이 오나 힘을 주는 매월 1일

매월 1일!

나에게는 영원히 가슴 뭉클하고 특별한 날이다. 이제 그 사연을
풀어놓는다.

2002년 3월, 나는 〈이브자리〉 대리점을 열었다. 그토록 바라
던 나만의 매장을 갖게 되어 날아갈 듯 기뻤다. 내 가게로 출근하
는 발걸음은 늘 가벼웠고, 출입문을 활짝 열고 들어가 예쁜 이불
을 보는 일도 너무나 즐거웠다. 젊은 사람이 이렇게 큰 가게를 하
냐는 말을 들으면 큰 매장을 운영하는 내 자신이 자랑스럽기도 했
다. 매장은 40평이 조금 안 되었는데 그만 하면 운동장처럼 넓은
매장이었다.

나는 하루하루 설레는 가슴으로 매장을 꾸려갔다. 매일 쓸고 닦
고 정성을 얼마나 들였는지, 상가 관리소장님과 주변 상인들에게

〈이브자리〉가 들어와서 동네가 환해졌다는 이야기를 들었다. 내 생각에도 그런 것 같아 기분이 좋았다. 모르는 손님들이 와서 이불을 사가는 일도 그저 신기하기만 했다.

그러나 시간이 지나면서 나는 하나하나 알게 되었다. 내 매장이 그다지 좋은 위치에 자리하지 않았다는 것도 알게 되었고, 매장 앞뒤가 산으로 막혀 있다는 것도 뒤늦게 알게 되었다. "왜 여기다 오픈했어? 이 동네 장사 잘 안 되는데."라는 말도 처음엔 대수롭지 않게 넘겼는데, 조금씩 귀에 들어오기 시작했다. 하지만 별 도리가 없었다. 가진 돈을 생각하면 지금의 매장이 최선이었다.

사실 매장 내부는 별 손색이 없었다. 〈이브자리〉 대리점 이전에는 인테리어 업체 매장이었는데, 무척 세련되고 고급스러운 분위기였다. 한눈에 마음에 쏙 들 정도였다. 전면도 넓고, 매장 안에 기둥 하나 없고, 매장 앞에 차를 세울 수도 있고, 건물 뒤편에 주차장도 있고, 이렇게 장점이 많았다. 그 당시 나는 이 장점들에만 눈이 멀어 더 중요한 것을 못 보았던 것이다.

매장 앞은 4차선 도로였다. 당시 매장 바로 건너편에 자동차 학원이 있었다. 쉴 새 없이 "합격!", "불합격!" 소리가 들려왔다. 처음엔 그러려니 했는데, 시간이 지날수록 소음공해로 나를 괴롭혔다. 매장을 계약할 시점에는 전혀 고려하지 못한 사항이었다.

그런데 몇 년 뒤 자동차 학원이 문을 닫았다. 자동차 학원 사정은 모르겠지만, 어쨌든 나는 이제 매장 환경이 좀 나아지겠지 하는 기대를 품었다. 산뜻하고 조용한 건물이 새롭게 들어서기를 바랐다. 그리고 얼마 후 자동차 학원 자리에 물류 창고가 들어왔다. 나에게는 새로운 불행의 시작이었다. 키 높은 물류 창고 건물이 거리 앞 풍경을 싹 가려버린 것이다. 자동차 학원이 있을 때는 시끄러웠어도 앞은 훤히 뚫려 있어 시원한 맛이 있었다. 그랬는데 물류 창고가 들어와서 눈앞을 아예 가려버리니 아주 복장이 터지는 줄 알았다. 엎친 데 덮친 격으로 주변 상인들은 아침마다 우리 매장에 와서 물류 창고 때문에 답답해 죽겠다는 말을 한마디씩 던지고 갔다. 그 바람에 몇 배 더 힘들었다. 물류창고는 바로 내 앞이었기에 나만큼 답답한 사람은 없었을 것이다.

그래도 어떡하겠는가. 장사를 포기할 처지도 아니니 정신 차리고 마음을 다잡을 수밖에. 나는 '어떻게 하면 될까?' 매일매일 생각했다. 있는 돈 없는 돈 박박 긁어 시작했는데 이대로 망할 수는 없었다. 그건 나를 믿고 찾아오는 손님들에게도 못할 짓이었다. 어떻게든, 무엇이든 해야 했다.

그렇게 발을 동동 구르며 핸드폰을 만지작거리고 있는데, 문자 한 통이 틱 날아왔다. 어떤 업체에서 보낸, 형식적인 생일 축하 문자였다. 그런데 나는 음력 생일을 지내는 사람이라 그날은 양력으로 날짜만 같았을 뿐 진짜 내 생일이 아니었다. 생일도 아닌 날에 받은 생일 축하 문자는 별로 반갑지가 않았다. 시큰둥하게 문자를 읽던 나는 문득 이런 생각이 들었다.

'그래! 우리 손님들한테 진짜 생일에 맞춰 축하 문자를 보내면 좋겠다!'

나는 곧바로 본사에 문의했다. 그런데 본사로부터는 아직 음력, 양력까지 정확히 구분해주는 프로그램은 없고 현재 준비 중이라는 답변이 돌아왔다. 이때 나의 '고객관리'가 빛을 발했다. 마침 나는 고객카드에 생일을 음력과 양력으로 구분해 체크해 놓았던 것이다. 나는 인터넷을 검색해서 생일을 관리해주는 프로그램을 손에 넣은 뒤 수월하게 고객의 생일을 등록할 수 있었다.

그다음날부터 손님들에게 생일 축하 문자를 보내기 시작했다. 예상대로 반응이 좋았다. 어떻게 음력 생일까지 알았냐며 놀라워하는 손님, 필요한 게 있으면 꼭 매장에 들르겠다는 답문을 보내주는 손님이 꽤 많았다. 일부러 매장에 들러 고맙다는 말을 건네는 손님도 있었는데, 이런 손님은 오히려 나를 송구하게 만들었다.

나는 진심으로 축하한다는 마음을 전하기 위해 꼭 이른 아침에 출근해 생일 축하 문자를 보냈다. 이른 출근이 힘든 경우 '예약 문자'를 걸어 보내기도 했다. 아무튼 손님 입장에서는 아침에 축하 문자를 받는다는 것이 기분 좋은 일이었다.

생일 축하 문자에 성공을 거둔 나는 생각을 발전시켰다.

'매월 1일에, 한 달 동안 좋은 일만 있으라고 문자를 보내면 어떨까? 그래, 이것도 해보자. 손님이 싫어하면 안 하면 되지, 뭐.'

곧바로 좋은 글이 있는 책들을 구해 짧은 글을 만들기 시작했다. 1월은 이 내용, 2월은 저 내용으로 보내야지 생각하면서 마음을 울리는 글들을 잔뜩 모았다. 그리고 다음 달의 1일이 되기만을 기다렸다. 드디어 달력 한 장을 떼고 첫 번째 맞는 달의 1일, 나는 설레는 마음으로 아침 일찍 출근했다. 먼저 지금껏 해오던 대로 생일 축하 문자를 먼저 보냈다. 이어서 모든 고객에게 준비한 덕담을 한꺼번에 날려보냈다.

'손님들이 싫어하면 어쩌지? 당장 다음 달부터 못 보내는 거 아냐?'

자신감 있게 시작했지만 예상 외로 가슴이 조마조마했다. 그렇게 마음 졸이고 있는데, 고객으로부터 고민을 한 방에 무너뜨리는 답문이 날아왔다.

"지난달엔 사실 힘들었어요. 이달은 어떻게 보낼까 걱정하고 있었는데, 생각지도 않은 곳에서, 한 달을 잘 보내라는 좋은 글을 받고 너무 감사했어요."

그 답문을 시작으로 하루 종일 감사의 답문을 받았다. 다들 광고성 문자만 많이 받아봤지 자기를 염려해주는 문자는 처음이라며 기분 좋아했다. 한 달을 시작하면서 어떻게 보내야 할지 진지하게 생각하게 되었다는 내용도 많았다.

답문을 받으니, 손님 좋으라고 시작한 일이 나에게 더 기쁨을 준 듯한 생각이 들었다. 그 뒤로 나는 좋은 글을 찾으려고 더 애를 썼다. 마음가짐도 새롭게 가다듬고 매월 1일 정성과 진심을 담아 문자를 보냈다. 이 '문자질' 덕분에 나와 손님들의 벽이 허물어지며 친분이 쌓였다. 손님도, 나도 좋은 기운을 얻어 씩씩하게 잘 지내게 되었다.

오늘, 정성을 다해 만들었던 글귀가 담긴 노트를 펼쳐보고 싶다. 하지만 아쉽게도 그 노트는 지금 내 손에 없다. 매장을 정리하면서 무심코 버렸기 때문이다. 후회스러워서 눈물이 흐른다. 그 글들을 다시 되새기고 싶은 날이 오리라는 것을 정말 몰랐다. 어리석었다.

그 시절이 무척이나 그립다. 그만큼 내가 진심과 열정을 쏟았기 때문일 것이다. 여러분도 자신만의 그런 시절을 예쁘게 만들어가기를 바란다.

사모님, 집이 어디세요?

"사모님, 집이 어디세요? 제가 배달해드릴게요."

"괜찮아요. 이 정도는 들고 갈 수 있어요."

"그래도 이불이라 부피가 커서 보기보다 무거워요. 집에 가실 거면 지금 저랑 같이 가시고, 볼일 보실 거면 일 보신 뒤 전화 주세요. 시간 맞춰 갈게요."

"그럴래요? 그럼 나야 좋죠, 뭐. 이따 전화할게요."

"네! 좋은 시간 보내시고, 이따 봬요, 사모님!"

매장을 운영할 때 나는 손님과 이런 대화를 매일같이 나눴다. 손님의 집에 어떻게든 가고 싶어서 그랬다. 나는 왜 손님이 괜찮다는데도 굳이 찾아가려고 했을까?

예전에 비해 요즘은 집에 손님을 들이는 사람이 적은 것 같다.

집안 대소사가 있을 때도 밖에서 식사만 하고 헤어지는 경우를 많이 봤다. 주부들은 아이들 학교 보내고 나면 지인들을 집에 초대하기보다는 동네 카페에서 함께 시간을 보낸다. 날이 갈수록 다른 사람 집에 찾아가거나 놀러가는 것이 예의에 어긋나는 행동이라는 분위기가 짙어지는 느낌이다.

배달을 하면 손님 집에 당당하게 들어갈 수 있다. 나는 이 권리를 누리려고 부득부득 손님 집에 배달을 가려고 한다. 그래야만 고객이 나와 우리 매장을 좋은 기억으로 간직해주기 때문이다.

물건을 들고 손님 집에 배달을 가면 절대 문 앞에서 허무하게 돌아서지 않는다. "사모님! 부자 되시게 저 물 한 잔만 주세요." 하고 말을 붙인다. 손님이 물 한 잔 가지러 간 사이 얼른 현관에 놓인 신발을 정리한다. 그러면 물잔을 들고 오던 손님이 "뭘 그런 것까지 해요? 나둬요." 하면서 활짝 웃는다. 물잔을 받아든 나는 이렇게 능친다.

"사모님! 내 집에 온 손님 '빈 입'으로 안 보내면 부자된대요. 그래서 사모님 부자 되시라고 물 한 잔 달라 그랬어요."

그러면 반드시 같이 웃게 된다. 웃는 사이 나는 재빠르게 눈동자를 굴리며 손님 집을 스캔한다.

이런 식으로 수많은 손님 집에 들어가 보니 딱 봐도 그 집 형편이 어떤지 짐작할 수 있다. 환자가 있는지, 학생이 있는지, 어르신을 모시고 사는지, 인테리어가 잘되어 있는지 등이 머리에 금방 입력된다. 내 머리에 저장된 정보는 자연히 고객관리에 쓰인다.

단품이 아닌 침대 세트를 산 손님이라면 한 단계 더 진도를 나간다. "사모님! 이왕 왔으니까 제가 침대 커버 깔아 드리고 가도 될까요?" 하고 부드럽게 말을 건넨다. 이때 거절하는 사람도 있고 허락하는 사람도 있는데, 허락하는 사람은 한결같이 얼굴이 환해진다. "시간 여유가 있어요?" 하며 걱정도 해주고, "그럼 예쁘게 깔아 주세요." 하며 격려도 해준다. 허락을 받은 나는 옛 침대 커버를 벗기고 새 침대커버를 보기 좋게 깔아준다. 그리고 마지막으로 감사 인사를 한 번 더 한 뒤 손님의 집을 나온다.

이만큼 하면 손님이 나를 잊을 리가 없다. 나도 정성을 쏟았기에 그 손님을 기억할 수밖에 없다. 다음에 그 손님이 매장 문을 열고 들어오면 나는 반가워서 버선발로 뛰어나가게 된다.

아들이 배달 음식을 하도 좋아해서 우리 집은 하루가 멀다 하고 배달 음식을 주문한다. 그날도 음식값을 지불하려고 지갑을 열고 있는데, 배달 온 총각이 허리를 숙여 널브러진 아들 신발을 정리하고 있었다. 깜짝 놀라 괜찮다고 말하니, 그 총각은 웃으면서 대답했다.

"이 신발 주인이 배달시킨 거 아니에요? 잘 시키던데."

그 총각은 단골인 우리 아들이 고마워서 신발을 정리해준 것이다. 나는 '우리 아들이 얼마나 시켜 먹었으면' 하는 생각에 살짝 당황했다.

그 총각이 지금은 어디서 무얼 하고 사는지는 알지 못한다. 단언컨대 분명히 성공적인 삶을 살고 있으리라 확신한다. 그 총각은 나를 변화시켰다. 나도 손님 집에 배달을 가면 언제나 신발 정리를 하게 된 것이다.

야채가게로 성공한 저자의 강의를 찾아간 적이 있었다. 이 저자는 뭘 가지고 성공했을까 귀를 쫑긋 세우며 듣고 있는데 귀가 번쩍 뜨이는 말을 들었다.

"야채 배달을 할 때 꼭 신발 정리를 해드렸어요. 음식물 쓰레기까지 먼저 달라고 해서 버려드리기도 했고요. 한두 번에 그치지 않고 계속 해드리면 사람인지라 감동을 안 할 수가 없습니다."

사실 배달업에 종사한다고 해서 누구나 손님 집에 쉽게 들어갈 수 있는 것은 아니다. 손님과 배달원이 문 앞에서만 서로 물건을 주고받을 때가 많다. 손님 집 문턱을 넘을 기회가 여간해서는 오지 않는다.

핵심은 손님과 친해지기 위한 방안을 고민해보라는 것이다. 손님의 집 안으로 들어가는 것 자체가 목적이 아니다. 고민 끝에 방안을 짜냈으면 진심으로 행동해야 한다. 진심을 보여야만 고객은 마음을 연다.

숫자 250과 이등병 계급

처음 나의 매장을 열었을 때 나는 어떻게 매출을 더 올릴까 하는 생각에만 사로잡혀 있었다. 다들 가게 자리가 안 좋다고 하니 그럴 수밖에 없었다. 초기에는 주변에 아파트 입주가 있어서 매출이 그런 대로 나왔다. 하지만 입주가 끝나자 곧바로 매출이 떨어졌다.

나는 전단지를 신문 삽지에 넣어 돌려봤다. 반응이 시원찮았다. 시에서 운영하는 현수막 게첨대 광고도 일이십 개 해봤지만 큰 효과는 없었다. 비용 탓에 광고에 막대한 투자를 할 수는 없고, 그렇다고 손 놓고 있을 수도 없으니 막막하기만 했다.

전단지를 일일이 직접 돌리면 좋다기에 업체에 문의했다. 1장당 '직투(직접 투입)' 비용이 25~35원이라 했다. 당시에는 만만한 가격이 아니었다. 나는 문의를 마치고는 한숨만 지었다. 그러다 머리에 한 가지 생각이 반짝 스쳐갔다.

'내가 직접 해볼까? 내 장사인데 뭘 못해. 알바비도 안 들고 돈도 벌고 일거양득이지.'

마음을 굳힌 나는 그때부터 베개커버 1장이라도 기를 쓰고 배달을 했다. 손님들이 됐다고 해도 사정 이야기를 하면서 허락을 구했다. 배달을 해야만 그 아파트에 당당히 들어가 편안한 마음으로 전단지를 돌릴 수 있으니까.

나는 내 명함을 레이스 달린 베게 모양으로 디자인해 새로 새겼다. 조그만 비닐봉투를 동대문에서 사고, 청량리 도매시장에서 껌을 대량으로 구입했다. 그리고 비닐봉투에 명함 한 장과 껌 두 개를 넣은 뒤 가방에 담았다. 딱 250 봉투가 가방 안에 들어갔다. 이 아이디어는 보험 설계사들에게서 얻은 것이다. 우리 상가에는 보험 설계사들이 보험 전단지와 사탕을 넣은 비닐봉투를 많이들 나눠주고 갔다. 그 비닐봉투 겉에는 보통 스테플러로 박은 명함이 드러나 있었다. 나는 이를 응용해 내 명함을 비닐봉투 속에 넣기로 했다. 봉투 속의 껌을 빼면서 그래도 명함을 한번 보지 않을까 기대했던 것이다.

모든 준비를 마친 뒤 나는 배달을 나갈 때마다 특별한 명함 가방을 챙겼다. 먼저 손님 집에 상품을 배달한 뒤 엘리베이터를 타고 꼭대기 층으로 올라갔다. 그리고 스카치테이프로 명함과 껌이 담긴 비닐봉투를 집집마다 붙이면서 1층까지 내려왔다. 한 개 동을 마치고 건물 밖으로 나왔다가 다른 동 건물에 사람이 드나들면서 문이 열리는 것을 보면 다람쥐처럼 얼른 따라 들어갔다. 그 뒤엔 다시 똑같은 방식으로 작업을 반복했다.

씨 뿌리는 농부가 알곡을 맺기를 기도하는 마음으로 정말 열심히 뛰어다녔다. 하루 종일 배달만 하는 날도 있었다. 하루 목표가 250개라서 그 목표를 채워야 하루가 끝났다고 생각했기 때문이다. 그때를 떠올리면 어디서 그런 열정이 나왔는지 스스로가 기특할 정도이다. 단순하게 표현해 정말 열심히 살았다.

한번은 이런 일을 겪었다. 어느 겨울 저녁, 배달거리가 생겨 나는 여느 때처럼 상품과 명함 가방을 들고 길을 나섰다. 손님 집에 무사히 배달을 마친 뒤 하던 대로 맨 위층으로 올라가 명함을 돌렸다. 다 돌리고 나오니 어느 새 캄캄한 밤이었다. 직원의 퇴근이 늦어질까봐 나는 서둘러 아파트 입구 계단을 내려왔다. 그러다 발을 헛디뎌 푹 고꾸라지고 말았다. 그 바람에 안경까지 달아나고 말았다.

몹시 아팠지만 창피한 마음이 앞서 얼른 안경을 찾아 들고 차에 올라탔다. 시동을 거는데, 갑자기 얼굴에서 뭐가 확 흘러내렸다. 놀라서 룸미러를 들여다봤더니만 새빨갛게 생긴 무서운 괴물이 얼핏 보였다. 넘어지면서 얼굴을 다쳐 피가 흐른 모양이었다. 문제는 아까 나도 모르게 손으로 얼굴을 가렸다가 얼굴 전체에 피칠을 하게 된 것이다. 생각보다 심각한지 피가 무섭게 흐르기 시작했다. 그 와중에 안경을 봤더니, 안경도 주인 얼굴 같은 몰골을 하고 있었다.

바삐 매장에 가서 직원에게 양해를 구했다. 그리고 수건을 얼굴에 댄 채 병원 응급실로 향했다. 눈 주위 왼쪽 얼굴이 찢어져서 열두 바늘을 꿰매야 했다. 상처가 심했지만 눈을 안 다친 것만은 다행이었다. 그날 사고로 나는 얼굴에 이등병 계급장이 달렸다. 하지만 굴하지 않고 명함 돌리기를 계속했다. 열심히 산 대가로 받은 상처 때문에 주저앉을 수는 없었다.

장사가 안 된다면, 본인이 매장을 죽은 가게로 만들고 있지는 않은지 되돌아볼 필요가 있다. 내가 죽기 살기로 명함을 돌린 까닭도 거기에 있다. 우리 매장이 죽은 가게로 보일까봐 걱정했고, 그 걱정을 해소하기 위해 최선을 다해 달린 것이다.

길을 가다가 어느 식당 안을 우연히 들여다본 적이 있다. 한 사람은 식탁에 앉아 턱을 괸 채 텔레비전에 빠져 있었고, 또 한 사람은 껌까지 씹으며 벽에 기대선 채 역시 텔레비전에 넋을 잃고 있었다. 주방에 있는 사람은 팔짱을 끼고 멍하니 거리에 눈을 두고 있었다. 여러분은 이 식당에 들어가서 "이모, 배고파요! 김치찌개 맛있게 해 주세요."라고 할 수 있겠는가? 어림도 없다고 할 것이다.

장사하는 사람이 경계해야 할 한 가지가 있다. '우리 가게 장사 안 돼요. 어서 오세요.'라고 비치는 모습이다.

컨설팅을 위해 대리점을 돌아다니다 보면, 텔레비전을 보느라 누가 들어오는지도 모르는 사장님, 사모님들이 아주 가끔 있다. 그분들은 내가 기척을 내야만 "아이고! 손님이 언제 오셨지?" 하고 일어난다. 내가 손님도 아닌데 말이다. 뒤늦게 나를 알아보고는 "손님이 아니네. 본사에서 오셨구만." 하고 멋쩍어 한다. 텔레비전은 여전히 켜져 있다.

물론 손님이 없으면 따분하고 심심할 수 있다. 그 심정은 십분 이해한다. 그렇지만 이해한다고 해서 허용하기는 곤란하다. 텔레비전은 사람을 끌어당기는 마력이 상상을 초월한다. 텔레비전에 취해 있는 주인은 손님에게는 죽은 사람이나 다름없다. 주인이 죽어 보이면 매장은 죽는다.

이 세상에 매장은 많고, 손님은 갈 곳이 많다.
'왜 손님이 우리 매장에 와야 하지?'
다시 한 번 진지하게 생각해보자. 장사는 노력해야만 성공한다는 평범한 진리를 깊이 되새겨 보자.

부자 되는 지갑이 탄생하기까지

지금은 고인이 된 어느 가전 브랜드의 회장님은 성공의 원인을 어머니에게 돌렸다. 쌀 한 톨도 귀하던 그 가난한 시절에 어머니는 집에 찾아오는 사람들을 가리지 않고 보리밥 한 숟가락, 밀가루 빵조각이라도 대접했다고 한다. 그 덕분에 회장님 자신과 가족이 모두 잘되었다고 한다.

이 따뜻한 이야기가 오늘의 젊은 친구들에게는 고리타분한 옛 이야기로 들릴지도 모른다. 하지만 그냥 무시하기에는 가르치는 바가 참 귀하다. 내 머릿속에서는 이 일화가 한 번도 떠난 적이 없다. 회장님은 세상을 뜨기 전까지 텔레비전에 종종 등장했기에 화면에서 회장님을 볼 때마다 '나도 회장님 어머님처럼 살아야지.' 하고 마음을 다잡았기 때문이다. 텔레비전을 좋아하는 나였으니 얼마나 회장님을 자주 보았을지 짐작이 갈 것이다.

〈이브자리〉대리점의 오픈을 앞둔 시점이었다. 인테리어가 끝나자마자 초도 상품들이 탱크처럼 밀려들어왔다. 본사 직원들이 출장 나와 진열을 해주는데, 워낙 상품이 많으니까 매장이 아수라장으로 변했다. 나도 혼이 나갈 정도로 정신이 없었다. 그렇게 부산스럽게 일하고 있는데, 어느 중년 손님이 찾아왔다. 손님은 어수선한 이 와중에 이불을 꼭 사고 싶다고 했다. 도저히 물건을 팔 상황이 아니어서 우물쭈물대고 있는데, 직원들이 손님 모르게 입을 벙긋거리며 눈치를 줬다.

"내일 진열 끝나면 다시 오시라고 하세요."

매장을 처음 시작하는 터라 나는 직원들에게 폐를 끼칠 수가 없었다. 그래서 하는 수 없이 죄송하지만 내일 오시라고 손님에게 말씀드렸다. 그런데 손님은 굳이 오늘 사고 싶다고 했다. 그런 손님을 그냥 돌려보낼 수 없어서 직원들 눈치를 보며 상품을 보여드렸다. 손님은 이 상품 저 상품 살펴보고 비교하고 했는데, 하필이면 직원들이 막 진열을 마친 상품만 딱 골라서 보니 진열 작업의 진도가 더뎌지고 말았다.

"그러니까 내일 오시게 하라고 했잖아요."

직원들은 나를 보면서 또 입을 벙긋거렸다.

결국 손님은 제법 값이 나가는 180,000원짜리 차렵이불을 샀다. 나에게는 영광스러운 첫손님인데 제대로 해드리지 못해서 미안했다. 직원들한테도 수고를 덜어주지 못해 미안했다. 그날 직원들은 나의 첫손님을 치르느라 늦게 퇴근해야 했다.

디스플레이가 끝나고 집에 와서 자려는데 그 첫손님이 자꾸 아른거렸다. 첫손님인데 내일 다시 오라는 말부터 해서 화나고, 사은품은커녕 물 한 잔도 못 드려서 죄송했다.

'그 손님 꼭 다시 와야 되는데 안 오시면 어떡하지?'

나는 이 생각에 잠을 설쳤다. 그리고 다음날 아침 몽롱한 상태로 나의 매장에 첫 출근을 했다.

매장에 와서 수백 번을 다짐했다.

'손님한테 정말 잘하겠어. 다시는 어제 같은 일 안 만든다!'

그 다짐을 실천하기 위해 약국에서 드링크를 한 가득 사왔다. 이불을 사든 안 사든 매장을 찾은 모든 손님에게 드링크를 안겼다. 장사 첫날이라 구경하는 사람이 많이 몰려 음료수 값이 생각보다 많이 나왔다. 하지만 후회는 없었다.

16년 전 일인데 여전히 생생하다. 돌이켜보면 첫손님을 '빈 입'으로 보낸 한을 다른 손님들에게 푼 것 같다. 시간이 많이 지났지만 첫손님에게는 지금도 미안하다.

다시 16년 전 그때. 하루는 마트를 다녀오는데 약국 앞 트럭에서 물류 기사님이 드링크를 내리고 있었다. 나는 약국 안 보이게 그 기사님을 불러 "저기서 〈이브자리〉 하는 사람인데 드릴 말씀이 있어요." 하며 명함 한 장을 손에 넣었다. 나중에 그 물류 기사님으로부터 드링크를 싸게 살 수 있는 곳을 알아냈다. 그리고 한 달에 한 번씩, 한 달분을 사서 어마어마한 양의 드링크를 창고에 보관했다. 그걸 본 사람마다 "약국 어디 망했어요?" 하는 소리를 했다.

음료수 걱정이 사라지자 이제는 사은품 걱정이 생겼다. 매장 오픈할 때 지원받은 사은품은 바닥났고, 다시 갖추려니 비용이 만만치 않았다. 고민 끝에 손지갑을 직접 만들기로 마음먹었다. 마음먹은 바를 실행하고자 공업용 미싱과 오버로크 기계를 사서 창고에 넣고, 동대문 시장에서 옥스퍼드지 원단 세 가지와 지퍼를 사고, 손지갑에 달 라벨에는 전화번호를 넣어 디자인했다.

손지갑은 성공적이었다. 통장이 들어갈 수 있는 크기로 만들었더니 편리하다는 사람이 많았다. 통장 보관, 생리대 보관, 화장품 보관, 잡동사니 보관, 이렇게 가지각색으로 쓰였다. 매장에 찾아와 이런 용도로 잘 쓰고 있다며 직접 보여주는 손님도 꽤 많았다.

그 후 나는 손지갑에 '부자 되는 지갑'이라는 이름을 붙였다. 그러면서 예쁜 천으로 한층 업그레이드시켰다. 손님에게 줄 때는 사은품이라는 말은 빼고, 이렇게 말했다.

"부자 되는 지갑을 선물로 드릴 테니, 아무도 주지 말고, 잃어버리지도 말고, 부자 되시게 잘 가지고 다니세요."

그러면 손님은 "이거 들고 다니면 부자 돼요?" 하면서 신주단지처럼 애지중지 들고 갔다.

나는 진심으로 손님이 부자가 되기를 바랐다. 그래서 손지갑을 기도하는 마음으로 정성껏 만들었다. 그 기도의 힘인지는 모르겠지만, 손님에게 "부자 되는 지갑 선물 받고 정말 좋은 일이 생겼어요." 하는 전화도 가끔 받았다.

나는 부자 되는 지갑을 만드느라 재봉틀을 두 대나 장만했다. 본사 영업팀장이 그걸 보고 기겁하며 매장 안에 공장 차렸냐는 농담을 건네기도 했다. 그 두 대의 재봉틀은 내 자신의 모든 것을 동원해서 살려고 발버둥친 흔적이었다. 훗날 재봉틀은 예단을 포장하는 보자기를 만드는 데에도 쓰였다. 혼수 장만하는 손님에게 내가 만든 보자기로 포장해서 드렸더니, 너무 예쁘다고 좋아했다.

내 인생은 정말이지 뭔가 하긴 하려고 무던히도 애쓴 인생이다. 그 에너지가 나에게 오는 사람 빈손으로, 빈 입으로 보내지 않겠다는 다짐에서 나왔는지도 모르겠다. 손님을 대할 때 무엇보다 중요한 것은 진심, 그리고 정성이다. 이것들로 승부하면 결코 패배하지 않을 것이다.

돈을 아끼는 똑똑한 가계부

나는 스스로에게 "잘했어!" 하고 칭찬해주고 싶은 것이 한 가지 있다. 바로 가계부를 쓰는 일이다. 친구들은 내가 가계부를 쓴다는 사실에 무척 놀라곤 한다. 이유인즉 절대로 가계부를 쓸 성향이 아니라는 것이다. 그럼 나는 이렇게 맞받아친다.

"가계부를 쓰는 사람은 '나 가계부 쓰는 사람이다' 하고 이마에 써 붙이고 다니냐?"

사실 친구들이 그렇게 판단하는 것도 무리가 아니다. 나는 뭘 하든 싫증을 잘 내고 진득하니 끝맺음을 못 하는 성격이기 때문이다. 내가 생각해도 어떻게 10년 넘게 가계부를 쓰고 있는지 참 신기하다. 10년 넘게 지치지 않고 쓸 수 있었던 이유는 단 한 가지다. 가계부는 참 이롭다는 것이다.

요즘은 컴퓨터의 가계부 프로그램을 많이 사용한다. 하지만 나는 노트만 고집한다. 컴퓨터는 켜고 끄기가 번거롭다. 그 자리에서 펼쳐 바로 쓸 수 있고 확인도 가능한 노트가 최고다. 그렇게 즉석에서 처리하는 것이 돈이 새나가는 일을 막는 데에도 유리하다.

다시 말하지만 가계부는 정말 이롭다. 그리고 쓰는 일은 결코 어렵지 않다. 지금부터 똑똑한 가계부를 쓰는 나만의 방법을 공개하겠다.

시금치	1,200원
굴	6,000원
동태	4,500원
아들 용돈	20,000원
합계	31,700원

대부분의 사람들은 이런 방식으로 가계부를 쓴다.

차별화된 나의 가계부는 다음과 같다. 2018년 12월의 가계부를 예로 든다.

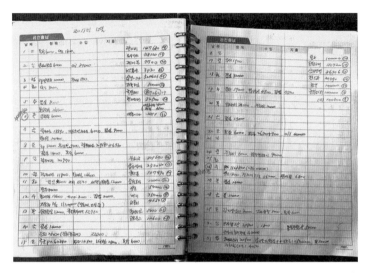

1일부터 15일까지의 사항은 왼쪽 페이지에 적는다.

16일부터 말일까지는 오른쪽 페이지에 적는다. 즉 노트의 펼침면에서 한 달을 한눈에 볼 수 있게 만드는 것이다.

표의 왼쪽 부분에는 '일'과 '요일'을, 가운데 부분에는 '사용내용'을 적는다. 오른쪽 부분에는 '고정지출'과 '금액' 칸을 만든다. 고정지출 칸에는 매달 꼭 사용해야 하는 내용을 식구 수대로 적는다. 이때 식구 별로 색깔을 달리해서 기록하는 것이 아주 중요하다. 집 전체가 사용하는 것은 검은색, 아빠는 빨간색, 엄마는 주황색, 아들은 파란색, 딸은 초록색, 이런 식으로 하면 된다.

가운데 부분의 사용내용 칸도 사용금액을 적을 때 돈을 사용한 사람의 색깔로 적어야 한다. 그렇게 해야 누가, 어디에 지출을 많이 했는지 알 수 있어서 관리하기가 편하다. 식구 수대로 적은 고정지출 내역은 사용을 안 할래야 안 할 수 없는 돈이다. 그렇지만 가운데 부분에 적은 사용내용은 얼마든지 절약이 가능하다.

이와 같은 방식으로 가계부를 쓰기 시작하면서 나는 돈의 흐름을 한눈에 파악할 수 있었다. 덕분에 무의미하게 새어나가는 돈을 막을 수 있었다.

가계부의 이로운 점이 두 가지나 더 있다. 누구나 한 번쯤 몇 년 정도 지난 뒤에 자신이 과거에 구입했던 상품의 금액을 알고 싶어 했던 경험이 있을 것이다. 이때 가계부를 뒤적거리면 그 금액을 쉽게 찾을 수 있다.

또 한 가지 이점은 가계부에 물건을 구입한 회사의 이름이나 전화번호 등을 적어 두었을 때 그 진가가 발휘된다.

나는 새로 입주한 아파트에 붙박이장을 설치했었다. 6년 뒤에 이사를 하려고 붙박이장 업체를 찾아보니 전화번호와 회사 이름이 없었다. 어쩔까 고민하다 새로 이사 오는 분들에게 그냥 주고 왔다. 다른 업체에 맡겨 붙박이장을 분해하고 이동하고 설치하는 비용이 만만치 않아서 포기해야만 했던 것이다. 그 일은 참 속상했던 기억으로 남아 있다. 이제는 속상한 경험을 되풀이하지 않으려고 가계부에 꼭 메모를 해놓는다.

덤으로 한 가지 장점을 더 밝히면, 노트 한 장에 한 달치 가계부를 쓸 수 있으니 한 권으로 몇 년을 우려먹을 수 있다는 사실이다. 노트를 사는 비용을 절약할 수 있으니 얼마나 좋은가. 내가 지금의 작은(?) 부를 누리고 사는 것도 이 가계부 덕이다.

가계부 쓰기를 정말로 적극 추천한다. 노트 한 권만 투자하기를 바란다.

인생을 운전하는 행복한 운전자

나의 소싯적 이야기다. 어느 날 올케언니가, 미술 대학을 나온 친구 동생이 도곡동에서 홈패션 맞춤 가게를 하는데 같이 가자고 해서 따라나섰다. 가서 보니까 아주 신세계였다. 이불, 쿠션, 식탁보, 앞치마, 주방 장갑, 그리고 예쁜 소품들이 마음을 사로잡았다. 그 동생은 손재주도 있고 감각도 뛰어나서 장사를 꽤 잘하는 모양이었다.

나는 너무 예뻐서 감탄과 칭찬을 줄줄 쏟아냈다. 그랬더니 뜻밖의 대답이 돌아왔다.

"그러지 않아도 걱정이에요. 곧 결혼을 해야 하는데, 남자친구가 가게를 그만했으면 해요. 남 주기도 아깝고, 워낙 잘돼서 계속하고 싶은데……."

집에 왔는데 그 예쁜 가게가 자꾸 아른거렸다. 나도 그런 가게를 꾸려보고 싶었다. 당시엔 쌍용제지에서 계약직으로 일하고 있었는데, 홈패션 일을 배우면 더 잘할 것 같았다. 그 생각이 머리를 떠나지 않아 올케언니에게 은근한 말투로 물었다.

"언니, 친구 동생네 가게, 내가 배워서 하면 안 될까요?"

나는 올케언니가 '아가씨가 그걸 어떻게 해요. 할 줄도 모르면서'라고 말할 줄 알았다. 그런데 희망적인 답변을 들려주었다.

"돈이 문제지, 왜 안 되겠어요?"

"정말요? 그거 얼마면 할 수 있을까요?"

"전에 친구한테 얼핏 들었는데, 동생이 그러기를 기계까지 합해서 최소 300만 원은 받아야 한대요. 아, 가게 보증금은 별도고."

나에게는 어림도 없는 가격이었다. 우리 집 형편은 뻔하고, 나는 직장을 다녔지만 모아놓은 돈은 없는 상태였다. 머리가 지끈지끈 아팠다. 돈만 있으면 할 수 있는데, 돈이 없어서 할 수 없는 상황이 너무 우울했다. 그래도 나는 가게를 포기할 수 없어 엄마에게 손을 벌렸다. 몇날 며칠을 돈을 구해달라고 조른 것이다. 엄마는 내가 하도 엉겨 붙으니까 우리 집에 세를 사는 언니한테 300만원을 빌려 마지못해 내주었다.

결국 나는 보증금은 3개월 뒤에 내기로 하고 그 가게를 인수했다. 기술도 열심히 배우고, 장사는 더 열심히 했다. 어마어마한 빚 300만 원을 갚고 보증금도 벌려면 1초도 게으름 피울 새가 없었다.

타고난 손재주가 좋아 기술은 빨리 익혔다. 손님들에게 잘 만든다는 칭찬도 받았다. 장사도 제법 잘되어 핑크빛 미래가 보이는 듯했다. 하지만 300만 원도 갚고 보증금도 해결할 만큼은 돈이 모이지 않았다. 이중고에 시달리던 나는 결국 모든 것을 싸들고 집으로 들어왔다.

우리 집은 이층집이었는데, 가게의 짐들이 들어오자 아주 난장판이 되었다. 내가 기계까지 들고 오는 바람에 집은 공장으로 변해버렸고, 나는 가족들에게 공공의 적이 되었다. 아버지는 "그럼 그렇지" 하며 화만 내고, 엄마는 "내가 미쳤지" 하며 가슴을 치고, 세를 사는 언니는 빌려준 돈을 못 받을까봐 전전긍긍했다. 나는 죗값을 치르지 않으면 제 명에 못 살 것 같아 뭐라도 해야만 했다. 인생은 그 누가 대신 살아주지도, 살아줄 수도 없는 것이므로 어떻게든 내가 운전하며 가야 했다.

마침 동네에 홈패션 가게가 있어서 창피를 무릅쓰고 찾아갔다. 사정 이야기를 한 뒤 예쁘게 만들어드릴 것을 약속하며 일거리를 받아왔다. 다행히 홈패션 사장님은 내 작업물에 만족스러워했다. 그래서 일거리를 계속 주고, 동대문에 홈패션 가게가 많으니 방석을 만들어 납품을 해보라는 권유까지 했다. 힘을 얻은 나는 샘플을 만들어 무작정 동대문으로 나가 거래처를 뚫었다.

그렇게 사죄하는 마음으로 혼자 밤낮 없이 일을 하니까 재봉틀 소리가 시끄러운 데도 불구하고 가족들도 시비를 걸지 않았다. 아버지의 잔소리와 엄마의 푸념도 잦아들었다. 오직 세를 사는 언니만 자율학습을 감독하는 선생님처럼 2층 작업장을 수시로 드나들었다.

그러던 어느 날 쌍용제지를 같이 다녔던 친구가 우리 집에 놀러왔다. 친구는 내 작업물을 보고는 칭찬을 마구 쏟아냈다.

"완전히 반했다. 네가 이렇게 솜씨가 좋았냐? 어쩜 이렇게 잘 만들었어?"

그러면서 이런 제안을 했다.

"내가 회사 다니면서 짬짬이 네 물건 팔아볼까?"

나는 친구의 마음은 고마웠지만 그저 인사치레로만 받아들였다. 그래서 지나가는 말로 "그래라." 하고 짧게 대꾸했다.

그런데 어느 날 갑자기 친구가 또 찾아왔다. 친구는 내가 예쁜 천에 올록볼록 솜을 넣어 만든 바구니를 몇 개 집어 들고는 가서 팔아보겠다고 했다. 나는 고맙기도 하고 기가 차기도 해서 "그게 얼마나 힘든 일인데, 너도 참."이라고 대답했다.

그날 밤 전화벨이 울렸다. 낮에 찾아왔던 그 친구였다.

"윤희야, 다 팔았어. 그리고 큰 바구니 열 개, 작은 바구니 열 개 주문 받았으니까 주말에 가지러 갈게. 그때까지 만들어 놔. 못 만들면 잠잘 생각도 하지 말고."

그때 얼마나 좋았던지! 나는 친구의 도움으로 전농동에 있는 '꽃사슴'이라는 이불가게에 납품을 하게 된 것이다. 너무 신이 나서 전화를 언제, 어떻게 끊었는지도 모른다.

동네 홈패션 가게와 동대문 도매시장, 거기다 꽃사슴 가게로까지 판로가 늘어나자 손 안에 돈이 쥐어지기 시작했다. 그래서 마침내는 세를 사는 언니의 빚을 다 갚게 되었다. 그 후로도 부지런히 일을 하고 있는데, 꽃사슴에서 한번 찾아오라는 연락이 왔다. 이 예쁜 물건들을 누가 만드는지 보고 싶다는 게 그 이유였다.

나는 별 거리낌 없이 꽃사슴 가게를 찾아갔다. 그곳에서는 키도 훤칠하고 후덕하게 생긴 사장님과 당차 보이고 말도 잘하는 직원이 일하고 있었다. 나는 그분들에게 감사 인사를 한 뒤 소소한 여러 가지 이야기들을 나누고 돌아왔다. 그때 당시 꽃사슴은 백합이라는 이름으로 제조와 도매업을 하고 있었다.

그 후 또 바쁜 일상을 보내고 있는데, 꽃사슴의 그 당찬 직원이 불쑥 우리 집에 들이닥쳤다. 나는 깜짝 놀라 얼떨떨해하며 어쩐 일이냐고 물었다. 직원에게서는 다소 엉뚱한 대답이 돌아왔다.

"사장님께서 진짜로 미스 남이 만드는지 확인하고 오라고 해서 왔습니다."

그날 그 직원은 내가 진짜로 물건을 만드는 모습을 보고 돌아갔다. 그리고 며칠 뒤 꽃사슴 사장님에게서 만나자는 연락이 왔다. 나는 이번엔 무슨 이야기를 하시려나 궁금해서 다시 꽃사슴을 찾아갔다. 역시나 후덕한 분위기의 사장님은 놀라운 제의를 해왔다.

"나는 앞으로 침구 업을 키워 누구나 좋아하는 침구 브랜드를 만들 생각이에요. 미스 남이 꽃사슴에 들어와서 디자인을 맡아 주면 좋겠습니다. 가지고 있는 기계까지 다 들고 와도 좋아요."

나는 오래 고민하지 않고 사장님의 제의를 수락했다. 꽃사슴은 지금까지 결제일을 어긴 적이 없어 믿을 만했고, 사장님의 성품이나 직원도 마음에 들었기 때문이다. 얼마 뒤 나는 도곡동에서 집으로 귀환할 때처럼 두 번째로 짐을 싸서 청량리 공장으로 들어갔다.

이후 오래지 않아 '아담과 이브의 자리'라는 깊은 뜻을 담은 '이브자리'가 탄생하게 된다. 꽃사슴이 이브자리로 거듭난 것이다. 후덕한 사장님과 당찬 직원, '나는 내 인생의 운전자'라는 생각으로 살아온 내가 그 위대한 탄생에 함께 하게 된 것이다. 그리고 직원과는 서로 좋은 친구가 되어 지금까지 잘 지내고 있다. 일하면서 좋은 친구를 만난 것은 내게 더없는 행운이었다.

여전히 나는 이브자리에 몸담고 있다. '나는 내 인생의 운전자'라 생각하며 마음이 시키는 대로 살고 있다. 그래서 행복하다.

주변에서 창업할 때 뭐가 제일 중요하냐고 묻는 사람들이 많다. 나는 감히 대답한다.

"바로 당신입니다."

chapter 5

장사의 품격을 높이는
성공 마인드

1.

신뢰를 부르는 노력, 성공을 부르는 신뢰

《파리에서 도시락 파는 여자》의 저자 켈리 최는 비즈니스를 시작할 때 꼭 검은 정장에 흰 와이셔츠를 입어 마음을 바로잡는다고 한다. 평소에는 와이셔츠 단추를 두 개 풀지만, 중요한 일이 있을 때는 단추를 한 개만 풀고 입는다. 또한 목표를 이루고픈 마음이 강할 때는 각선이 잘 살아나는 옷을 고르고, 포용력을 발휘해야 할 때는 부드러운 곡선이 있는 옷을 입는다. 나는 이 글을 읽고 켈리 최의 옷차림이야말로 손님에게 신뢰감을 주는 옷차림이라는 생각이 들었다.

여러분은 매장에서 어떤 모습으로 손님을 맞이하는가. 설마 바로 등산을 가도 손색이 없는 차림으로 손님을 맞이하는 건 아닌지 모르겠다.

어느 식당에 일행들과 점심을 먹으러 간 적이 있었다. 젊은 직원들이 일제히 검정바지와 흰 와이셔츠를 입고 나비넥타이까지 매고 있었다. 김치 국물이라도 튀면 어쩌나 오히려 내가 걱정이 들었는데, 직원들은 아랑곳없이 그 멋진 복장으로 상차림을 하고 또 깨끗이 치우기도 했다. 그 모습을 보고 우리 일행은 한목소리로 "와우, 멋지다!" 하고 칭찬을 했다. 우리의 신뢰가 담긴 칭찬이었다.

〈이브자리〉 대리점 사모님 중에 늘 씩씩하고 장사도 열심히 하는 분이 있다. 하루는 본사 교육에 사모님이 참석했기에 회사 카페에서 만남을 가졌다. 그런데 평소와 달리 울상이었다. 사연을 물어보니, 경쟁업체가 들어와서 걱정이 된다는 대답이 돌아왔다. 그날 사모님은 한숨을 푹푹 쉬다 돌아갔다. 나도 마음이 많이 쓰였다. 하지만 사모님이 워낙 저력 있는 분이니 위기를 잘 헤쳐나가리라는 믿음은 있었다.

이후 마음속으로 열심히 응원은 했지만 나도 바쁜 일정을 소화하느라 찾아가보지는 못했다. 사모님 주변 사람이나 영업사원으로부터 근근이 소식만 물었는데, 특별히 나쁜 소식은 들려오지 않았다.

그러던 어느 날 품평회에서 사모님과 다시 한 번 차를 마시며 마주하게 되었다. 나는 사모님의 안부를 물은 뒤 계속 응원하고 있다고 말했다. 그러자 사모님은 내 손에 가만히 손을 얹으며 조용한 목소리로 말했다.

"실장님, 사실 저 그 매장 다녀왔어요."

"네? 어떤 매장이오?"

"그 경쟁업체요."

경쟁업체가 들어오면서 사모님의 매장은 실제로 곤경을 겪었다. 매장을 찾은 손님이 이불을 이것저것 펴보고는, "옆에도 같다올게요."라는 말만 남긴 뒤 다시는 오지 않았다고 했다. 그런 일이 되풀이되자 '내가 여기서 어떻게 버텼는데!' 하는 오기가 생겨서 경쟁업체를 분석하기 시작했다.

사모님은 경쟁업체의 대리점 중 어느 정도 매출이 나오는 매장을 18군데나 직접 조사했다. 손님으로 가서 상품 설명은 어떻게 하는지, 혼수나 예단을 권할 때는 어떤 면을 강조하는지, 가격은 어느 정도로 형성되는지, 잘 팔리는 품목은 무엇인지 등을 일일이 분석했다. 분석 결과 경쟁업체에 대해 속속들이 다 알아버렸다.

경쟁업체에 대한 무서움이 사라지자 사모님은 손님 응대에 자신감이 생겼다. 사모님이 당당하게 손님들을 대하자 손님들은 신뢰를 느꼈다. 이불만 펴보고 갔다가 안 오던 손님들이 "그래도 이 브자리가 더 낫네요!" 하면서 하나둘 돌아오기 시작했다. 노력이 신뢰를, 신뢰가 성공을 물고 온 것이다.

사모님의 매장과 경쟁업체의 매장은 건물주가 같은 사람이었다. 고객의 신뢰에 힘입어 장사에 날개를 단 사모님은 건물주에게 단단히 부탁을 했다. 혹시 경쟁업체 매장이 계약 연장을 하지 않고 점포를 빼면 본인이 매장을 확장할 테니 다른 사람에게 세를 주지 말라고 말이다.

실제로 경쟁업체는 계약 연장을 하지 않았다. 건물주에게 연락을 받은 사모님은 그 매장을 빼줄 테니 더 잘해보라는 말을 들었다. 이것 또한 건물주와 세입자 간의 신뢰로 이루어진 결과다. 사모님의 노력은 건물주에게까지 통한 것이다.

사모님의 인생역전 이야기는 단순한 교훈을 준다. 죽기 살기로 노력하면 반드시 성공을 만나게 되는 원리다. 여러분은 이 원리를 믿고 부디 주저앉지 않기를 바란다.

대리점을 운영했던 나도 장사가 잘 안 될 때 위기에서 벗어나려 몸부림쳤던 경험이 있다. 각티슈에 상호와 매장 전화번호를 새기고, 상품 소개와 설명서가 들어간 전단지를 인쇄해서 주변 상가에 돌린 것이다. 특히 주부들이 많이 몰리는 매장에 찾아가 주인에게 각티슈와 전단지를 건네며 이렇게 부탁했다.

"이 동네에서 이브자리 매장을 하고 있어요. 혹시 여기 오시는 손님 중에 이사를 하거나 결혼하시는 분이 있으면 저희 매장을 소개해주시면 고맙겠습니다."

처음에는 참 부끄러웠고, 갈 때마다 많이 망설여졌다. 부피 큰 각티슈까지 들고 다니며 광고를 하는 나를 안쓰러워서 말리는 사람도 있었다. 이런 나에게 용기를 준 사람은 우리 매장에 종종 들르는 보험 설계사 언니다. 언니는 본인도 처음에는 매장 문을 열고 들어가는 것조차 힘들었는데, 자꾸 다니니까 낯가림도 없어지고, 사람들과 친해질 수도 있었다고 했다. 또 의외로 좋은 사람들도 많이 만날 수 있으니 힘을 내라고 했다.

생각해 보니 보험설계사 언니보다 내가 훨씬 더 유리했다. 영업하며 팔아야 할 상품이 있는 것도 아니고, 침구 업계 최고의 브랜드 매장을 하고 있으니 부끄러워할 이유가 없었다. 그 후로 나는 하루에 몇 군데씩 자신 있게 다니기 시작했다.

물론 바쁘다고 외면하는 사람도 있었지만, 언니 말대로 좋은 사람들을 많이 만날 수 있었다. 이불이 필요한 사람이 있으면 소개시켜주고 본인도 필요하면 사겠다며 격려해 주는 사람도 많았다. 빈말에 그치지 않고 실제로 우리 매장에 찾아와 물건을 사준 사람도 여럿이다.

다시 말하지만 가만히 있으면 안 된다. 백조처럼 우아하게 떠 있고 싶다면, 역시 백조처럼 쉼 없이 물장구쳐야 한다. 그런 모습이 신뢰를 부르고, 성공까지 부른다.

장사에 생기를 불어넣는
판촉 활동과 SNS 홍보

살아 있고 움직이는 매장으로 보이려면 손님을 모으는 게 최고다. 그런데 장사의 규모가 크든 작든 손님 모으기는 사장님들이 어려워하는 숙제 중 하나다. 방법을 잘 몰라서이기도 하지만 별도의 비용과 인력이 필요한 경우가 생겨서이기도 할 것이다. 여하튼 이 어려운 숙제를 해내는 여러 방법 가운데 나는 판촉 활동을 추천한다.

브랜드 매장을 하는 사람들은 판촉 행사를 원할 경우 본사에서 기획안을 잡아주기도 한다. 그러나 개인 매장 사장님들은 직접 행사를 잡아서 준비해야 해서 엄두가 안 날 수 있다. 그래도 시도해야 한다. 시행착오를 겪더라도 판촉 활동은 손님에게 다가갈 수 있는 유용한 통로이다. 판촉 활동을 통해 발길을 찾은 손님을 만나면 금방 기운이 솟을 것이다.

가가호호 붙이는 전단지는 우선 고려할 수 있는 판촉 활동이다. '직투'라고 표현하는 이 전통적인 방법은 여전히 효과가 있다. 다만 아파트의 경우 요즘은 자유롭게 드나들기 힘든 곳이 많은데, 업체에 의뢰하면 가능하다. 전문 업체들은 입주자 대표회의나 부녀회 등과 협업해 일정 비용을 지불하는 조건으로 자유롭게 출입한다.

신문에 끼워 배달하는 신문 삽지도 괜찮다. 최근엔 인터넷의 발달로 신문 구독자가 많이 줄었지만 그래도 아직 활자만 고집하는 사람들이 꽤 있기에 시도해볼 만하다.

우체국 직투는 장사를 처음 하는 사람들에게 적극 추천한다. 요즘 많이들 하는 우체국 직투는 광고하고 싶은 지역과 광고물 시안을 정해주면 우체국에서 직접 인쇄한 광고물을 집배원을 통해 우편함에 돌리는 방식이다. 손님 손에 편지처럼 전달하는 이 방식은 편리하고, 비교적 결과도 좋다. 때문에 〈이브자리〉 대리점은 물론 다른 브랜드에서도 적극 활용하는 방법이다.

우체국 직투가 효과적인 것은 아마도 아날로그적인 향수를 불러일으키기 때문이 아닐까 싶다. 인터넷 메일이나 SNS로 소식을 주고받는 요즘은 편지가 희귀한 세상이다. 나도 편지를 써본 게 수십 년은 된 것 같다. 이런 시대에, 비록 광고물이지만, 편지는 은근히 힘이 있다. 나도 한 달 전 군대에 간 아들한테 편지를 받았을 때 얼마나 좋았는지 모른다. 그날 아날로그 시대가 새록새록 그리워졌었다.

대형 버스나 광고 차량을 빌려 현수막을 붙이는 방법, 여기에 행사 도우미를 붙여 직접 멘트를 하면서 거리를 누비는 방법도 특별하지는 않아도 효과적인 판촉 활동이다.

판촉 행사 기간 중 손님이 가장 많을 것으로 예상되는 날 매장 앞에 행사 도우미를 배치해 손님 유도를 하는 방법도 있다. 이때 누구나 한 번쯤은 보았을 '키다리 아저씨'나 풍선인형은 선택 사항이다. 만국기 역시 마찬가지다. 시대가 변해도 만국기는 잔치 분위기 내는 데는 그만이다. 색색의 깃발은 어디에서나 시선을 끈다. 그 밖에 몽골 텐트나 특별 매대를 설치해 집객 상품이나 봉사 상품 또는 행사 상품을 진열해 손님의 관심을 끄는 것도 좋은 방법이다.

세대 수가 많은 아파트라면 엘리베이터 광고나 케이블 TV가 운영하는 케이블 광고도 활용할 수 있다. 케이블 광고의 경우 광고비 외에 별도로 영상제작비가 드는 관계로 광고 기간을 설정해서 진행하는 것이 좋다.

게릴라 현수막도 간간이 써먹을 수 있는 판촉 활동이다. 서울에서는 제재가 잦아 하기 힘들지만 아직까지 지방은 비교적 제재가 적은 곳도 있다. 게릴라 현수막은 효과가 좋은 반면 시나 구청에서 벌금을 물리거나 직접 현수막을 수거하는 경우가 많다. 이것이 꺼려신다면 시나 구청이 지정한 자리에 일정한 비용을 지불하고 매다는 게첨대 현수막을 이용하면 된다.

이번엔 매장 입구에서 할 수 있는 판촉 활동이다. 대표적으로 출입구에 세워두는 배너와 어닝(차양) 아래 매다는 현수막을 들 수 있다. 이들은 글귀만으로 손님을 유치하는 방법으로, 효과가 좋아 활용 빈도가 잦다.

매장 안에서는 행사 상품을 알리는 POP나 천장에 띄우는 풍선으로 색다른 분위기를 연출할 수 있다. 판촉 행사는 매장에서 여는 잔치이므로 이때만큼은 잔치 분위기가 물씬 풍겨야 한다. 다만 잔치라고 해서 상품이 어수선하게 놓여 있으면 안 된다. 손님이 잘 찾을 수 있도록 비슷한 사이즈의 상품을, 할인 상품을, 어울리는 소품을 보기 좋게 진열해야 한다. 그래야만 손님은 만족을 느끼며, 판촉 행사가 끝난 뒤에도 그 매장을 다시 찾게 된다.

아무래도 행사 때는 평상시보다 손님들이 많이 온다. 이때 바쁘다는 이유로 고객카드 받는 것에 소홀해서는 안 된다. 고객카드를 잘 챙겨 관리를 해두면 행사 이후를 대비할 수 있다. 만약 행사 기간에 물리적으로 시간이 부족해 고객 응대가 미흡했다면 행사 후 감사 문자를 보내는 것이 좋다. 감사 문자에는 차후 보다 더 좋은 서비스로 모시겠다는 내용을 꼭 담는다. 장사하는 사람은 늘 다음을 기약해야 한다.

작은 부분 같지만 판촉 행사 시에는 복장도 신경 써야 한다. 손님인지 판매를 지원하는 직원인지 한눈에 구분이 가도록 입는 게 중요하다. 복장은 손님이 도움이 필요할 때 신속하게 처리할 수 있는 준비가 되어 있다는 증표와도 같다.

행사 기간에는 대개 업무량도 많아진다. 행사가 며칠씩 이어지면 몸에 탈이 날 수도 있다. 컨디션이 나빠지면 고객 응대에 적극적으로 나서기가 어려운 법이니 건강 또한 유의해야 한다.

또한 행사가 끝나면 주변 환경을 깨끗이 정리하는 것도 잊어서는 안 된다. 환경 정리는 미래의 성공을 위한 준비이다. 피드백 역시 마찬가지다. 행사를 마친 뒤에는 행사 때 일어난 '사건사고' 등을 찬찬히 되돌아보고 다음 행사에 참고해야 한다.

판촉 행사의 시기나 규모는 매장 환경에 맞게 결정하는 것이 바람직하다. 가족 행사가 많은 가정의 달이 적절한지, 한 해를 마감하는 12월의 사은 행사가 좋은지 등을 세심하게 판단해야 한다. 또한 무조건 성대하게 하기보다는 비용과 인력을 감안해 감당할 수 있는 규모로 계획하는 것이 좋다.

이렇게 정성껏 준비한 행사를 알리기 위해서 SNS를 적극적으로 활용해야 한다. 인스타그램, 페이스북, 카카오스토리 등을 통해 홍보 이미지나 동영상을 널리 퍼트리자. 특히 요즘은 유튜브 같은 동영상이 대세다.

지금까지 여러 가지 판촉 행사의 종류를 열거했다. 손님 모으기에 판촉 행사는 분명 약이 된다. 그 약효를 믿고 적극적으로 활용해보자.

소문이 떠들썩한 창업의 성공 조건

처음 창업을 하는 사람들은 대부분 의욕이 하늘을 찌른다. '너희들 다 죽었어.' 하는 마음으로 장사를 시작하려고 한다. 나 또한 빚을 내서 창업을 했는데도 불구하고 정말이지 대단한 의욕으로 불타올랐다.

마음처럼 사업이 술술 잘 풀린다면 얼마나 좋을까. 하지만 백화점과 대형 쇼핑몰은 둘째 치고, 하루가 멀다 하고 쏟아져 나오는 소규모 창업자들끼리의 경쟁부터가 너무나 치열하다. 대박은커녕 그날그날 버티기만도 숨이 가쁘다.

취업난도 극심한 요즘이다. 젊은 취업준비생들은 취업 도전에만 3수, 4수를 하다가 낙심해서 창업에 눈을 돌린다. 직장인들은 구조조정, 희망퇴직, 불투명한 미래 등의 압박을 견디지 못하고 창업을 기웃거린다. 온 사회가 창업을 하기 위해 몸살을 겪는 듯

한 분위기다.

어렵게 창업을 해도 가게 문만 열면 팔리는 시대도 아니고, 상품의 질이 좋아진 만큼 고객의 요구와 눈높이도 높아져 적당히 해서는 백전백패하고 만다.

창업의 성공 조건은 참 단순하다. 손님이 많이 오면 되는 것이다. 그럼 어떻게 하면 손님을 매장으로 불러들일 것인가?

바로 입소문이다.

〈이브자리〉 매장을 하던 시절 동네에 손세차장이 딸린 카센터를 운영하는 젊은 남자 사장님이 한 명 있었다. 사장님의 카센터는 항상 손님들의 차로 북적였다. 어쩜 저렇게 장사가 잘될까 궁금해하던 차에 어느 날 그 사모님이 우리 매장에 찾아왔다. 나는 이때가 기회다 싶어 장사가 잘되는 비결을 물어봤다.

그런데 사모님은 얼버무리며 말을 돌렸다. 하지만 순순히 물러날 내가 아니었다. 나는 사모님에게 내 속사정을 이야기한 뒤 사람 하나 살리는 셈치고 한 수 가르쳐 달라며 사정사정했다. 결국 사모님에게 사장님의 성공 노하우를 듣게 되었다.

카센터가 처음부터 잘된 것은 아니었다. 처음 몇 년은 손님이 없어 고전을 면치 못했다고 한다. 사장님은 손님도 없고 한가하다는 이유로 대학원에서 사업주들을 대상으로 하는 최고 경영자과정 교육 프로그램에 친구와 함께 등록했다. 사모님은 장사를 해야지 다 늦게 무슨 공부냐며 반대했다. 그런데 같이 공부하는 학생들이 손님으로 한 명 한 명 찾아오기 시작했다. 사모님은 그래도 남편이 딴 짓은 안 한다는 생각이 들어 응원하기로 마음을 바꿨다. 그래서 이왕 다니는 거 하나라도 잘 배우고, 잘 다니라고 격려했다.

사모님의 응원을 받은 사장님은 최고경영자과정을 무난히 마쳤다. 그런데 또 다른 대학원에 다니겠다고 고집을 피웠다. 공부도 목적이지만 사람들과 교류해서 인맥을 쌓으면 사업도 확장할 수 있다는 말로 사모님을 설득했다. 사모님은 마지못해 그 설득에 넘어가는 체했다.

사장님은 새로 간 대학원에서도 딴 짓은 안 했는지, 지인들이 꾸준히 차를 고치러 왔다. 사장님은 차 수리를 마치면 내부까지 구석구석 손 세차를 해서 차를 인도했다. 그러자 만족을 느낀 지인들이 다른 손님들을 소개해주기 시작했다. 사장님 말대로 인맥의 득을 보게 된 것이다.

처음엔 지인들에게만 차 수리와 손 세차를 같이 해주던 사장님은 아예 차를 고치는 손님은 손 세차를 서비스로 받는 시스템으로 바꿔버렸다. 이 시스템 변경은 성공적이었다. 정비도 받고 무료 세차도 받은 손님들은 이 좋은 카센터를 동네방네 소문냈다. 좋은 서비스를 받은 보답으로 돈 내고 세차만 할 경우에도 사장님의 카센터를 찾았다. 그런 손님이 늘어나면서 카센터는 자연히 번영하게 되었다.

"한 가지를 내려놓으니, 또 하나가 또 하나를 물고 오데요."

사모님이 이야기를 맺으면서 남긴 말이다. 나는 이거다 싶은 생각이 들었다. 장사를 하려면 또 하나가 또 다른 하나를 물고 오게 만들어야 한다. 사장님은 유료 세차를 포기함으로써 손님이 꼬리에 꼬리를 물도록 만들었다. 정말 신의 한 수였다.

이번엔 회사를 다니면서 알게 된 〈이브자리〉 대리점 사모님의 이야기다. 사모님은 혼수와 예단을 유난히 많이 팔았다. 내가 어떻게 그 어려운 혼수랑 예단을 잘 파시냐고 물었더니, 사모님은 "그냥 하는 거지, 별것 없는데."라고 대답했다. 그런데 더 깊이 이야기를 나눠보니 '별것'이 있었다. 바로 입소문이었다. 카센터 사장님의 성공 비결이었던 그 입소문 말이다.

놀라운 것은 사모님도 카센터 사장님처럼 평생대학원을 여러 곳을 다니면서 인맥을 쌓았다는 사실이다. 사모님은 그곳에서 학생회 임원도 맡으면서 두루두루 친하게 지냈다고 했다. 그 인맥이 입소문을 키우고, 입소문은 매장을 키운 것이다.

그런데 다른 품목도 아니고 왜 하필 혼수와 예단일까? 사모님은 자기 자식을 결혼시키는 어머니의 마음으로 혼수와 예단에 정성을 다한 것이다. 혼수와 예단을 예쁘게 포장하면서 당신이 진심을 담아 쓴 손편지를 함께 넣어 손님에게 보냈는데, 그것이 손님의 마음에 울림을 주었다. 뿐만 아니라 결혼식에도 찾아가 결혼식에 필요한 자질구레한 일들을 자신의 일처럼 열심히 도와주었다.

누구나 이렇게 진실한 서비스를 받는다면 남에게 이야기하고 싶어 입이 간질간질하지 않을까 싶다. 사모님의 손님들은 그 간지러움을 참지 못하고 자신의 지인들에게 널리 알렸다. 그리고 그 사연을 들은 사람들은 사모님의 매장에서 혼수와 예단을 장만했다.

두 사람의 이야기를 여러분이 깊이 새겼으면 좋겠다. 그리고 창업을 준비하는 이들에게 입소문 내준다면 더욱 좋겠다. 물론 그 사람이 여러분 자신이라면 이 소문처럼 행동하기를 바란다.

매장을 살리는 잔소리

식당이든, 빵집이든, 옷가게든, 이불가게든 장사는 결국 사람을 상대하는 것이다. 어떤 업종이든 손님을 불러 모으지 못하면 장사는 끝이다.

어느 날, 대전에서 컨설팅을 하고 집에 오는 길에 하남 베스코아를 지나왔다. 영업이 끝난 시간이라 사람들은 없었는데 넓고 넓은 지상 주차장이 눈에 들어왔다. 엄청난 지하 주차장을 확보하고 있으면서 그 널따란 지상 주차장까지 갖춘 것을 보니 가슴이 답답해졌다.

'작은 매장을 하는 사람들은 어떻게 해야 이런 큰 몰에 손님을 뺏기지 않을까?'

내가 가망이 없다고 생각해서 답답해했을까? 그건 아니다. 절대로 아니다. 작은 매장을 하면서도 대형 쇼핑몰 부럽지 않게 장사를 잘하는 사람도 많다. 그들은 무언가를 시도한 사람들이다. 끊임없이 무언가를 시도했기에 장사를 잘하고 있는 것이다.

본인도 뭔가를 하면서 나름 노력하고 있는데 왜 장사가 안 되냐며 따지는 사람이 있을지도 모른다. 노력하고 있다는 말에는 기꺼이 박수를 보낸다. 그런데 문제는 나름의 노력은 누구나 하고 있다는 사실이다. 차별화된 무언가가 필요하다. 손님의 마음을 끄는 필살기를 갖기 위해 노력해야 한다.

많은 사장님들이 장사 초기에는 손님에게 정말 잘한다. 다 퍼줄 것처럼. 그러다 시간이 지나면 이력이 나서 그런지 시들해지기 시작한다. 그러다가 아차 싶을 때와 마주치는데 그때는 이미 늦을 수 있다. "늦었다고 생각할 때가 가장 빠르다."라는 격언이 이 경우만큼은 적용이 안 될 수 있다. 차라리 "물 들어올 때 노 저어라."라는 속담을 곱씹으며 장사 초기의 마음으로 손님들을 쭉 대해야 한다.

업종에 상관없이 이따금 손님인지 직원인지 구분이 잘 안 되는 매장이 있다. 이런 매장을 만날 경우 나는 손님으로서 맥이 좀 풀린다. 손님 입장에서는 도움이 필요할 때 직원을 가려내야 하는 수고가 필요해지니 좋을 게 없다. 업주는 이런 사소함까지 신경 쓰고 챙겨야 한다.

직원과 손님이 구분되도록 이름표를 다는 것도 좋은 방법이다.

주인이든 직원이든 이름표를 달고 장사하면 일단은 손님들에게 함부로 하기 어렵다. 손님이 '나'를 알고 있는 상황에서 어떻게 막할 수 있겠는가. 손님 입장에서 이름표는 신뢰로 다가온다. 이름을 공개하면서 '나'를 알린 직원이니 성실하고 정직하게 일할 거라는 믿음을 은연중에 품게 된다. 홈쇼핑에서 물건을 살 때, 어느 콜센터에 통화 연결을 할 때 상담원들은 상호와 본인의 이름을 가장 먼저 밝힌다. 이때 '저를 믿고 저랑 이야기하시죠.'라는 느낌이 전해온 적 없는가?

이름표를 달아보자. '매장에서 제일 예쁜 ㅇㅇㅇ', '장사를 제일 잘하는 ㅇㅇㅇ' 같은 독특한 이름표도 시도해봄직하다. 재미있으면서 기억에 남을 것이다. 다만 직원은 이러한 이름표에 부담을 가질 수도 있으니 사장님이 일방적으로 강요하는 것은 바람직하지 않다. 직원에게 생기를 불어넣어 주는 일도 장사의 기술이다.

우리 동네에 장사가 아주 잘되는 정육점이 있다. 바로 앞 큰 마트 안에 정육점이 있는데도 많은 발길이 사장님네 정육점으로 향한다.

"손님들은 왜 사장님 가게에 올까요? 마트로 안 가고."

"뭐, 내가 친절하고, 서비스도 잘하고, 그래서가 아닐까요?"

나의 질문에 대한 사장님의 대답은 뭔가 미흡했다.

내 눈에는 사장님이 잘되는 이유가 아주 생생하게 보였다. 사장님은 우선 부지런했다. 나는 사장님의 정육점을 자주 지나치는데, 한 번도 사장님이 앉아 있거나 가만히 있는 모습을 본 적이 없다. 물론 가게 안은 깔끔하고 차분하다. 부수 재료인 각종 고기양념 등도 정갈하게 정돈되어 있다.

사장님은 인사도 참 잘한다. 지나가는 사람한테도 일일이 활짝 웃으면서 알은 체를 한다. 나도 인사를 하도 많이 받아서 요즘은 내가 먼저 하려고 애쓴다. 가게 안에 들어온 손님에게는 맛깔스러운 멘트나 덕담도 들려준다. 손님은 기분 좋게 들어왔다가 더 기분 좋게 정육점을 나갈 수밖에 없다. 사장님은 새로운 상품이 들어오면 손님에게 알려주고, 특별한 때에는 가격 할인을 해주거나 덤도 준다. 포인트 제도도 운영하니 정말 고객관리에 일가견이 있는 사장님이다.

삼겹살을 사는 손님에게 파채를 듬뿍 퍼주는 것은 사소하지만 기발한 서비스다. 삼겹살을 좋아하는 우리 아들은 파채를 먹으려고 꼭 사장님의 정육점에서만 산다.

이에 비해 큰 마트 안에 있는 정육점은 인사 소리도 작고, 웃음도 인색한 편이다. 그냥 고기만 사 가라는 그런 느낌만 받는다. 물론 삼겹살을 살 때 파채도 안 준다. 나는 조금 더 걷는 불편함을 감수하고라도 마트에서는 다른 물건만 사고 고기는 꼭 사장님네 정육점에서 산다.

여러분은 어느 정육점에서 고기를 사겠는가?

분명히 말한다. 요즘은 주변에 상점이 많다. 수요보다 공급이 더 많은 시대다. 손님은 여기서 사기 싫으면 저기서 사면 된다. 이런 상황에서 손님을 붙잡으려면 자신만의 필살기를 가져야 한다. 잔소리 같지만 나는 이 잔소리를 안 할래야 안 할 수가 없다.

사업이 뭔지 아십니까?

장사는 뭐고 사업은 뭘까? 대부분은 이렇게 정의한다. 장사는 이익을 얻기 위해 물건을 사들여 파는 것이고, 사업은 어떤 일을 일정한 목적과 계획을 세워서 경영하는 것이라고.

나는 이렇게 정의 내린다. 장사는 동네에서 자신의 노동력으로 무엇을 팔며 매장을 운영하는 일이고, 사업은 전국이나 세계를 상대로 성장 계획을 세워가며 경영하는 일이라고. 따라서 장사는 좋아하는 업종을 선택해도 큰 무리가 없지만, 사업은 취향보다는 더 높은 생산성과 발전 가능성이 있는 것을 따르는 게 좋다.

내가 일 관계로 만나는 사람들은 대부분 특정 지역에서 매장을 얻어 상품을 파는 이들이다. 그러므로 장사하는 사람들이라고 할 수 있다. 그런데 전국 방방곡곡을 다니다 보니, 장사를 하고 있지만 생각의 크기가 큰 사람들을 만날 수가 있었다. 단순히 '장사해서 돈 많이 벌어야지' 생각하며 사는 사람과 '비록 동네에서 장사를 하고 있지만 계획과 목표를 세워 크게 성공하겠어'라고 생각하는 사람의 차이는 엄청나다.

장사해서 성공한 경험담을 책으로 펴내 저자가 되는 사람들, 장사를 통한 자신의 성공사례를 알리며 강사로 활동하는 사람들을 보면 역시 생각의 크기가 다르다는 것을 느낀다. 즉 사업 마인드를 발견할 수 있다. 여러분도, 비록 작은 동네에서 작은 장사를 하더라도, 장사 마인드에서 벗어나 사업 마인드를 지니기를 바란다. 끊임없이 생각하고, 목표와 계획을 세우고, 그를 실천하기 위해 자신만의 방법으로 노력하려는 마음이 바로 사업 마인드다.

장사를 사업처럼 하려면 생각부터 바꾸는 것이 우선이다. 가령 '우리 동네가 아니라 이 지역 전체를 바라보고 장사를 하자. 그리고 더 큰 목표를 세우자.'라는 마음을 먹는다면 매장으로 출근하는 발걸음부터 달라질 것이다. 매장에서 드라마나 스포츠 중계도 안 볼 것이고, 특히 심심하다는 생각도 안 할 것이다. 목표도 세우고, 그 목표에 따라 계획도 세우고, 또 실행도 하느라 바쁠 테니 말이다. 물론 생각 바꾸기가 말처럼 쉬운 일만은 아니다. 나도 장사를 했을 때 쉽지가 않았다. 중요한 것은 이와 같이 바꿔보려고 애쓰는 일이다.

내가 다니는 단골 옷가게가 있다. 사모님이 혼자 운영하는데 늘

바빠서 이리 뛰고 저리 뛰고 한다. 그 모습이 안쓰러워 어느 날 내가 말했다.

"직원을 한 명 두든지 시간제 아르바이트라도 쓰는 게 어때요?"

"급여가 안 나와 직원 못 써요."

"직원을 두면 매장 관리가 수월해져요. 또 사모님은 갑자기 특별한 일이 생기면 매장 문을 닫고 일을 보시는데, 직원이 있으면 그럴 일도 없을 거고, 그 시간만큼 장사를 더 해서 수입도 더 생길 테니 한번 결심해 보세요."

"그래도 인건비 줄 돈이 없어서……."

망설이는 사모님에게 나는 "알려드릴 거 다 알려드렸으니 알아서 하세요!" 하고는 자리를 떴다.

시간이 흘러 그 매장을 지나가게 되었다. 밖에서 얼핏 봤는데, 디스플레이도 달라지고 손님들로 북적였다. 단골끼리는 서로 얼굴을 아는 경우가 많은데 웬일인지 모르는 얼굴뿐이었다. 나는 '주인이 바뀐 모양이네.' 하고 갈 길을 갔다.

그리고 몇 달 뒤 또 그 옷가게를 지나치게 되었다. 그런데 매장 안에 그 사모님이 있었다. 반가운 마음에 발걸음을 돌려 옷가게로 들어갔다. 사모님이 함박웃음을 지으며 나를 맞이했다.

"왜 이제야 왔어요. 자기만 오길 목 빠지게 기다렸는데!"

"아니, 저번에, 모르는 사람만 있고 사모님은 안 보여서 그냥

갔어요. 사모님이 힘들어서 그만 두신 줄 알았죠."

나는 대꾸하면서 매장을 슥 둘러보았다. 완전히 다른 옷가게로 변해 있었다. 그 사연은 이랬다.

사모님은 정말로 장사를 접을 마음이었다. 그런데 내 잔소리가 귓가에 울려서 '그래, 한번 시키는 대로 두 달만 해보자. 망해봤자 두 달 급여만 나가는 거니까.' 하고 마음을 고쳐먹었다.

마침 단골손님 중에 옷을 좋아하고 패션 감각도 있는 사람이 있어서 함께 일해 볼 것을 권했다. 그 단골손님은 사모님의 제안을 흔쾌히 받아들였다.

"그 손님이랑 같이 일을 했더니, 갑자기 세상이 환해지는 느낌이었어요. 도매시장에서 더 예쁜 옷을 사올 여유도 생기고, 볼일도 볼 수 있고. 매장 청소와 정리정돈도 같이 의논해서 하니 매장이 완전히 다른 매장으로 바뀌더라고요. 손님들이 주인 바뀌었냐고 시도 때도 없이 물어볼 정도였다니까요."

사모님은 매장 분위기가 바뀐 공을 나에게 돌렸다. 나는 내가 써먹었던 '백화점 스캔하기'를 알려주었는데, 사모님은 그 방법을 따라하면서 디스플레이 솜씨가 부쩍 늘었다고 했다.

"매장 분위기가 바뀐 뒤로 장사가 더 잘되었어요. 직원 급여 걱정 안 해도 될 만큼 벌고 있네요."

사모님은 고맙다면서 옷 한 벌 선물하고 싶다고 했다. 나는 내가 도움받은 것을 사모님에게 그대로 준 것뿐이라고 하면서 정중히 사양했다.

나는 그 사모님이 빌딩 한 채 올릴 만큼 부자가 된 것은 아니지만 직원 급여를 걱정 안 할 만큼 번 것도 성공이라고 생각한다. 매장 정리도 개선됐고, 개인적인 여유 시간과 공부 시간까지 확보했으니 이것 역시 성공으로 평가해야 한다.

장사는 장기전이다. 당장의 손해가 두려워 투자를 망설인다면 성공은 꿈같은 이야기가 될 수밖에 없다. 옷가게 사모님이 장사 마인드에만 계속 머물렀다면 고만고만한 벌이를 하며 매일매일 지친 상태로 살아갔을 것이다.

어두운 생각, 상투적인 생각은 사람을 갉아먹는다. 밝은 시선으로 새롭게 바라보며, 또 부지런히 움직이면 성공은 끌려오게 되어 있다.

여자들의 세상에서 나를 브랜딩하기

잘생긴 남자와 예쁜 여자가 팔짱을 끼고 매장에 들어오면 누구부터 쳐다볼까? 견해차가 있겠지만, 남자라면 여자부터 쳐다보고 여자라도 여자부터 쳐다본다. 여자인 나도 그렇다. 남자가 여자를 쳐다보는 것은 당연하게 느껴지는데, 여자는 왜 같은 여자를 쳐다볼까? 여자의 적은 바로 여자이기 때문이다.

여자는 자기보다 더 예쁘고 잘난 여자를 보면 샘을 내고 닮고 싶어 하는 경향이 있는 사람들이다. 나도 길을 가다가 잘생긴 남자를 보면 '어우, 잘생겼네!' 하고 끝내지만, 예쁘고 세련된 여자를 보면 목을 빼서라도 뚫어져라 쳐다보고 닮고 싶어 한다.

내 세대만 해도 모든 주도권이 남자한테 있는 세상이었다. 요즘엔 남자들이 멋대로 권세를 휘둘렀다가는 장가도 가기 어렵다. 장가간 사람이 그랬다가는 이혼 당하기 딱 좋다. 세상이 여자 기준으로 바뀌어가고 있다. 갈수록 남자는 힘을 못 쓰고 여자는 기가 더 세진다. 오죽하면 이런 우스갯소리까지 유행하겠는가.

남자가 늙어서 꼭 필요한 다섯 가지다.

1. 부인
2. 아내
3. 집사람
4. 와이프
5. 애들 엄마

가족 모임도 남편 쪽보다 여자 쪽 중심으로 많이 하는 추세이다. 그래서 아이들이 이모는 잘 알아도 고모는 잘 모르는 경우도 있다고 한다. 여행도 이모네와는 함께 가도 고모네와 함께 가는 경우는 드물다. 자동차도 남자 전용물이었는데 이제는 어디 그런가. 나는 차를 살 때 반드시 아내의 허락을 받는 남편들을 여럿 봤다.

나도 아들이 있는데 큰일이다. 여자들이 주도권을 쥔 세상에서 어떻게 살아야 할지 가르쳐야 할 텐데 말이다. 아마도 아들을 키우는 많은 엄마들이 이 문제를 알고 있고, 또 대비도 하고 있을 것이다.

그래서 하는 이야기인데, 장사를 할 때 여자를 생각 안 할 수가 없다. 경기가 어려울 때조차 동네 음식점은 텅텅 비어도 백화점 식당에는 사람들로 붐빈다. 물론 그들 대부분은 여자다. 백화점은 인테리어부터 디스플레이, 또 상품 구성 등 모든 것이 여자를 혹하게 만들기 때문이다.

여러분의 매장은 지금 어떤 모습일까? 여자의 마음을 사로잡을 만큼 매력적인지 묻고 싶다. 사장님, 사모님들은 여자의 눈길을 끌 만큼 외모를 꾸미고 있는지도 궁금하다.

물론 작은 매장에서 백화점을 따라하기도, 따라잡기도 어렵다. 그렇다면 어떻게 해야 할까?

방법은 '나'를 브랜딩하는 것이다. 다음은 포털사이트 네이버의 '지식백과'에 나오는 브랜딩에 대한 설명이다.

브랜딩

브랜딩은 소비자들의 머리에서 시작해서 감성적으로 느끼는 것이다. 소비자들은 특정 브랜드에 신뢰감, 충성도, 편안함 등의 감정을 느끼며, 그런 감정들을 갖게 하는 긍정적인 경험들을 통해 그 브랜드에 가치와 이미지를 부여한다.

'나'를 브랜딩하는 것은 자신만의 차별점을 찾아 매장을 찾은 손님들에게 '나'를 어필하는 일이다. 그렇다면 '나'를 브랜딩하기 위해서는 또 어떻게 해야 할까?

먼저 외모부터 바꿔보자. 머리는 단정하게 다듬고, 옷은 세련되게 차려입고, 신발도 슬리퍼가 아닌 품위 있는 것으로 신는다. 여성의 경우는 화장도 더 신경 쓴다. 너무 짙고 화려한 화장은 손님에게 부담을 줄 수 있으니 피하도록 한다.

손님들을 만만하게 본다면 외모에 성의가 없어지기 마련이다. 그러면 손님도 주인을 존중하지 않게 된다. 가족이나 친구들은 차림새에 조금 모자람이 있어도 그냥 넘어가지만 손님은 엄격하다. 무성의한 외모의 주인에게서 손님은 무시당한 기분을 느끼기 십상이다. 자신을 무시한 매장에 손님이 다시 찾아올 리 만무하다.

터놓고 말해서, 손님은 지갑을 열어 돈을 주는 사람이다. 큰 아파트로 이사도 시켜줄 수 있고, 자동차도 살 수 있게 해준다. 장사를 하려면 그런 손님을 귀하게 여기고 먼저 대접하려는 마음가짐이 필요하다. 그 마음가짐을 우선적으로 표현할 수 있는 방법이 바로 외모다.

외모를 갖추고 나면 매장에 스토리를 만들자. 거창한 일이 아니다. 청소를 잘하면 '깨끗한 매장'이라는 스토리가 만들어지고, 디스플레이를 잘하면 '멋진 매장'이라는 스토리가 만들어지는 것이다. 주인이 모든 상품에 대해 훤히 꿰차고 손님의 귀에 쏙쏙 들어오도록 설명을 잘하면 '전문가 사장님이 운영하는 매장'이라는 스토리가 탄생하게 된다. 매장에 체험 공간을 갖추면 '체험할 수 있어서 믿음이 가는 매장'이라는 스토리를 손님들이 스스로 지어낸다.

    일기조차 안 쓰고, 기획안 만들기도 어설펐던 내가 책을 읽고 공부한 것도 나를 브랜딩하기 위한 노력이었다. 더불어 이 글을 쓰는 목적에는 나와 내가 몸담고 있는 회사, 그리고 나의 관심사를 통해 나를 브랜딩하고 싶은 욕심도 숨어 있다는 것을 숨길 수가 없다.

    가만히 있으면 발전은 멀어진다. 여러분은 여러분 매장의 또 다른 간판이다. 그 간판을 먼지만 쌓이게 내버려둘 것인가?

chapter 6

대박을 꿈꾸는 사람에게
추천하는 성공 습관

장기전인 장사와의 승부에서 이기는 법

쉰두 살에 〈이브자리〉에 재입사한 내게 한 직원이 귀띔을 해주었다. 토요일에는 잠실 선착장에서 달리기를 하는 모임이 있고, 일요일에는 불암산 산행을 하는 모임이 있다고. 나는 건강도 챙기고, 배울 것도 있을 것 같아 한번 나가보자고 마음먹었다. 그런데 조금 뒤 생전 운동이라고는 한 번도 한 적이 없다는 데에 생각이 미쳤다. 그러니 당연히 달릴 때 입는 러닝복도, 등산할 때 입는 등산복도 없었다.

'여태 뭐하고 산 거지? 러닝복은 몰라도 그 흔한 등산복 하나 없으니.'

오십 인생을 살았으면서 내 자신에게 너무 인색했다는 생각이 들었다. 나는 직원에게 도움을 구해 먼저 등산복과 암벽을 탈 수 있는 릿지화를 구입했다.

일요일 아침, 나는 새 등산복과 등산화 차림으로 새벽 미명을 뚫고 불암산에 갔다. 모임 시간이 6시 40분인데, 너무 일찍 가서 그런가 몇 명만 서성이고 있었다. 그런데 조금 이따 하나둘 나타나기 시작하더니 족히 삼사십 명은 넘는 사람들이 모였다.

'와! 이 아침에 등산하는 사람이 이렇게 많아?'

대리점을 운영할 때 회사 직원들이 불암산 산행을 하는 것을 익히 알고는 있었지만, 이렇게 많이 모이는 것을 보고 새삼 깜짝 놀랐다. 나는 일요일 아침은 대부분 늦잠으로 허비했는데 말이다.

전원 준비 운동을 마친 뒤 산행을 시작했다. 처음인지라 얼마 못 가 다리가 후들거렸다. 내가 산을 타는지 산이 나를 타는지 정신이 하나도 없었다. 혼자 뒤처질 수가 없어서 이를 악물었지만 죽을 만큼 힘들었다. 일반 등산로도 아니고 암벽을 타고 정상까지 가는데, 올라갈 수도 없고 내려갈 수도 없어서 정말 죽을 맛이었다. 직원 셋이 나를 둘러싼 채 잡아주고 끌어주지 않았다면 더 힘들었을지도 모른다. 무섭기는 또 얼마나 무섭던지 걸핏하면 비명을 질러댔다. 그런 내 모습에 여기저기서 웃겨 죽겠다며 난리가 났다.

"암벽보다 남 실장님이 더 무서워요, 하하하."

직원들은 이런 농담까지 던지며 재미있어 했다.

어차여차해서 정상까지 살아서 올라갔다. 얼마나 소리를 질러 댔던지 목도 아프고, 어찌나 힘을 줬던지 기운이 하나도 없어 푹 주저앉았다. 그런데 이게 웬일인가. 주저앉은 내 앞에 드넓은 하늘과 멋들어진 산이 쫙 펼쳐지는 게 아닌가. 너무 황홀해서 꿈인지 생시인지 모를 지경이었다.

사실 나는 등산 회의론자였다. '내려올 거 뭐 하러 올라가나' 하며 등산을 등한시해온 터라 오십이 넘어서야 처음으로 산의 정상에 오르는 감격을 맛본 것이다. 그냥 좋아서 말문이 막히고 눈시울이 붉어졌다. 나도 해냈다는 뿌듯함이 밀려왔다. '아! 이래서 사람들이 산에 오르고 정상을 밟는구나!' 하며 등산 예찬론자들에게 경의를 표했다.

불암산의 정기를 받고 내려와서 갈치조림에, 감자전에, 막걸리 한 잔을 걸쳤다. 그러고는 집으로 오는데 내 몸이 내 몸이 아니었다. 간신히 집에 와서는 곧바로 뻗어버렸다. 그리고 그다음날 아침, 출근 시간에 일어나는 불상사가 생겨났다. 목은 쉬어 아프고, 몸은 천근만근이었다. 회사에서는 종일 다리를 질질 끌고 다녔다. 그나마 성취감이 남아 있어서 몸이 부서질 것 같아도 마음은 행복했다.

회사 직원들도 덩달아 행복해했다. 같이 산행한 직원들은 나를 볼 때마다 "산에 올라가는데 그렇게 소리를 지르는 사람은 처음 봤어요." 하며 배꼽을 잡았다. "바위가 실장님 때문에 놀라서 큰일이에요."라고 놀리면서 즐거워하기도 했다. 산행을 안 간 직원들은 어떻게 소리를 질렀기에 회사에 소문이 쫙 퍼졌냐면서 궁금해했다. 나는 그렇게 내가 몰랐던 세상에 한 발 내딛게 되었다.

나는 토요일 아침 잠실 선착장에서 출발하는 달리기 모임에도 나갔다. 이것도 이른 아침인 6시 40분에 시작하는데도 평균 일이 십 명이 참석했다.

보통 7km를 달리는데, 사실 처음 달릴 때는 나는 거의 걸었다는 말이 맞을 만큼 힘들어했다. 시간이 지나면서 점점 뛰는 모습에 가까워졌지만 여전히 거북이처럼 느렸다. 때로는 뛰는 일이 지루하게 느껴지기도 했다. 그럴 때는 흐르는 강물과 마음속으로 이야기를 나누며 뛰었다. 이 강물과의 은밀한 대화는 산행이 줄 수 없는 또 다른 매력이었다.

아무튼 달리는 것이 점점 즐거워져서 매주 강물을 만나러 다녔다. 실력이 늘자 잘 달리고 싶다는 욕심까지 생겨서 동아 마라톤 대회에 첫 도전장을 내밀었다. 달리기 모임에 나온 지 딱 3년 만이었다.

물론 마라톤 대회 성적은 형편없었지만 끝까지 나를 포기하지 않고 함께 뛰어준 감사님 덕분에 끝까지 뛸 수 있었다. 42.195km를 늦어도 5시간 30분 안에는 들어오는 게 정상인데, 나는 5시간 50분 만에, 부끄럽지만 꼴찌로 들어왔다. 진행요원들이 경주로에서는 이미 다 철수를 한 다음이었다. 그래도 함께 대회에 참여했던 달리기 모임 직원들 중 일부는 나를 환영해주고, 사진까지 찍어주려 아우성이었다. 그 모습에 집을 잃었다가 돌아온 아이처럼 마냥 기뻤다. 사실 너무 늦게 뛰어서 진행요원에게 버스를 타고 가라는 말까지 들을 만큼 굴욕을 당했는데, 직원들의 환영을 받으니 완주했다는 성취감이 가슴을 채웠다. 결국 나는 감격의 눈물까지 흘렸다. 그리고 그날의 눈물은 나에게 살아갈 힘과 역경을 이겨낼 힘을 주었다.

달리기와 산행의 효과일까. 나는 남들이 다 겪는 갱년기조차 3일 만에 털어버리고 지금껏 잘 지내고 있다. 오십대가 되면 애석하게도 여기 아프다, 저기 아프다는 친구들을 많이 만나게 되는데, 나는 그런 소리를 한 번도 안 했다. 그래서 친구들의 부러움을 한 몸에 받고 있다. 등산과 달리기는 나를 다시 일으켜 세워준 고마운 친구다.

뉴스에서 노후에는 가족, 건강보다 돈이 우선이라는 기사를 읽고 씁쓸해 한 적이 있다. 나는 아직도 건강이 우선이라고 생각하는 사람 중의 한 명이다. 돈이 많은들 몸져누우면 무슨 소용이 있겠는가. 나도 건강하니까 전국을 누비며 활기차게 살고 있는 것이다.

나도 장사를 해봤지만 체력이 안 받쳐주면 할 수 없는 게 장사다. 장사해서 성공하려면 제일 먼저 건강부터 지키고 가꿔야 된다. 그래야 장기전인 장사와의 승부에서 이길 수 있다. 인생을 흔히 마라톤에 비유하는데, 장사도 마라톤과 같다. 100미터 달리기처럼 단시간에 승부를 내기는 어렵다.

이제 이불을 박차고 나와 아침을 가르며 달려보자, 새로운 세상을 얻는 기쁨이 기다리고 있을 것이다.

답은 직원이 갖고 있다

뉴스를 보다가 '하이디라오'라는 중국 훠궈^{중국 샤브샤브} 식당을 알게 되었다. 훠궈는 끓는 육수에 고기, 해물, 채소, 국수 등을 담가 먹는 중국의 대중 음식이다.

하이디라오는 1994년 쓰촨성에서 탁자 4개를 갖추고 시작한 음식점이다. 줄서서 먹을 정도의 맛은 아니고, 값도 다른 매장보다 싸지 않다고 한다. 그런데 이 식당이 어떻게 성공했을까?

그 배경은 창업자 장 융 사장님의 직원 중심 마인드에 있다. 장 융 사장님은 직원을 인격적으로 대우하고, 늘 직원을 이해하고 배려했다. 이에 감동한 직원들은 손님에게 최고의 서비스를 제공하는 것으로 보답했다.

직원은 하이디라오를 찾은 손님이 자리에 앉으면 앞치마와 따뜻한 물수건부터 건네준다. 중요한 점은 물수건을 15분마다 다시 새것으로 갈아준다는 것이다. 손님의 휴대전화나 안경은 젖지 않게 비닐 지퍼백에 넣어주고, 머리 긴 손님에게는 머리끈도 준다. 바로 자리가 나지 않아 대기하는 손님에게는 구두도 닦아주고, 네일케어 서비스도 해주고, 음료와 과일도 제공한다. 이렇게 많은 서비스에 고단할 법도 한데 항상 웃는 낯으로 손님을 대한다. 놀라운 것은 이 모든 서비스가 직원들의 아이디어에서 나왔다는 사실이다.

장 융 사장님은 직원이 고객 서비스의 중심이 되어야 한다는 철학을 갖고 있다. 그렇다면 직원들이 자발적으로 서비스를 하려는 의욕을 심어주는 게 중요한데, 장 융 사장님은 이 점에서 탁월했다. 직원을 업계 최고로 대우하고, 시설 좋은 숙소를 제공하고, 고향의 가족에게 보조금을 지급해 직원들의 가족 걱정을 덜어준 것이다. 뿐만 아니라 실력만 있으면 누구에게나 승진 기회를 주었다. 이런 대우를 받은 직원들은 마치 자기 가족의 사업처럼 헌신했고, 그 결과 해마다 30%씩 매출이 성장했다.

하이디라오의 사례는 사장이 직원을 어떻게 여기고 대해야 하는지를 시사한다. 직원은 한마디로 '1차 고객'이다. 사장의 매장을 지켜주는 '내부 고객'이다. 고객의 마음을 얻고 싶다면 먼저 직원의 마음을 읽어야 한다. 마음을 준 직원은 매장에 오는 손님들에게 고스란히 은혜를 갚는다.

〈이브자리〉는 우수 사원에게 창업의 기회를 열어준다. 회사를 나가서 대리점을 여는 게 아니라 회사를 다니면서 대리점을 열도록 도와준다는 점이 특이하다. 능력이 탁월한 데도 불구하고 자금이 부족한 직원은 회사에서 오픈 자금의 일부를 지원받을 수도 있다. 〈이브자리〉의 이러한 정책은 경영자의 철학에서 비롯된 것이다. 회사는 직원이 매장 운영을 알아야 대리점 사장님들을 이해할 수 있고, 그 이해가 회사에 이익으로 돌아온다고 생각한다. 또한 고객이 무엇을 원하는지 가장 가까운 접점에서 파악해야 좋은 신상품 개발 아이디어나 효과적인 마케팅 계획이 탄생한다고 믿는다. 그래서 회사가 직원에게 투자하는 것이다.

회사 내의 '우리사주' 제도도 직원들에게는 유용한 복지 제도이다. 회사를 다니면서 1년에 한 번씩 배당금을 지급받는데 정말 특별한 혜택이 아닐 수 없다.

이 외에도 직원에게 힘을 주는 제도가 많다. 책을 읽고 싶어 하는 직원에게는 짧게라도 독후감을 쓰면 책값을 무한 제공한다. 집이 없는 직원에게는 주거 복지 차원에서 간단한 심사를 거쳐 사옥에서 살 수 있는 기회를 준다. 온라인 교육도 필요하다고 판단되면 회사에서 신청한 직원 대신 지불을 해준다.

등산이나 마라톤을 할 경우에도 비용을 모두 대준다. 특별히 배가 나오는 계절에 등산을 하면 아침 식사 후에 배를 한 봉지씩 나눠 주기도 한다. 물론 직원들이 아주 좋아한다.

한 새로운 임원이 등산 모임에 열심히 나오기에 "산도 잘 타시고 열심히 잘 나오시네요!" 했더니, 우스운 대답이 돌아왔다.

"일요일 아침에 산에 안 가고 늦장부리면 집사람한테 혼나요."

"왜요?"

"맛있는 배 받으러 빨리 안 간다고요. 매일 한 개씩 먹고 있는데, 배 없다고 빨리 나가래요!"

어쩌다 보니 회사 자랑을 잔뜩 늘어놓았는데, 하이디라오와 이브자리가 승승장구하는 원인이 같은 맥락이라는 것을 말하고 싶어서 그랬다. 큰 회사든, 작은 사업체든 직원을 배려하고 대우한다면 성공에 더 쉽게 다가갈 수 있을 것이다.

어느 생고기집에서 일어난 웃지 못할 이야기를 소개한다. 나도 들은 이야기인데, 듣고 나서 씁쓸했던 기억이 난다.

어느 날 주방장이 사장님에게 심한 꾸중을 들었다. 기분이 상한 주방장은 손님상에 나갈 고기를 자르면서 씩씩거렸다.

"내가 이놈의 가게 나간다, 나가. 나가기 전에 이놈의 가게를 망하게 해버려야지."

주방장은 고기를 막 썰어 손님상에 나갈 접시 위에 한 주먹씩 듬뿍듬뿍 담아 내보냈다.

그리고 나서 며칠 뒤 한 무리의 손님들이 들어왔다. 일행 중 한 명이 이렇게 말했다.

"여기가 내가 얘기 했던 그 집이야. 양도 많고 맛있는 집."

그 말을 들은 사장님은 귀를 의심했다. 그런데 그 손님들을 시작으로, 비슷한 소리를 하는 손님들이 늘어나기 시작했다. 사장님은 '하늘이 개벽을 했나? 이게 웬일이지?' 하면서 이리 뛰고 저리 뛰며 장사를 했다. 그러다 장사를 마칠 시간이 되었는데, 주방장이 불쑥 오늘부로 그만두겠다는 말을 던졌다. 깜짝 놀란 사장님은 빌고, 달래고, 사정사정하며 간신히 주방장을 다시 붙잡았다.

이 이야기의 핵심은 역시 '직원'이다. 여러분의 매장을 둘러보기 바란다. 여러분의 직원은 지금 무엇을 하고 있는가? 그리고 여러분은 직원을 어떻게 대하고 있는가?

돈은 원래 남이 벌어주는 거라고 한다. 하지만 그 '남'을 정말 남처럼 대한다면 성공은 멀어질 것이다.

돈에도 인격이 있으므로

어느 대리점 사모님과 점심을 먹으러 작은 한정식집에 갔다. 직원이 예약을 했냐고 물어 보기에 아니라고 대답했는데, 문득 '예약을 해야 하는 곳인가?'라는 생각이 들었다. 규모가 작은 식당일 뿐더러 점심시간이 다 되었지만 식당이 붐비는 느낌이 안 들었기 때문이다. 직원이 안내해주는 곳에 앉아 쓱 둘러보니 손님은 다른 한 테이블과 우리뿐이었다.

그런데 주문을 한 뒤 다시 차분하게 둘러보니 식당 안이 예사롭지 않았다. 손님이 앉았을 때 정면으로 시선이 향하는 곳은 물론 벽들마다 볼거리가 예쁘게 걸려 있었다. 또한 작은 식당이라 주방이 보이는데, 주방 배식구 위에 조각 천을 이어 붙여 보기 좋게 연출을 해놓았다. 계산대 주변은 깨끗하고 단정했다. 특별히 내 눈에는 계산대 위에 단출하게 놓인 두 개의 이쑤시개 통이 인상적이었다. 하나는 여자 그림, 다른 하나는 남자 그림이 그려져 있어 소소한 재미가 느껴졌다.

손님들이 앉는 식탁과 의자의 배치도 훌륭했다. 식탁 위에 깔아놓은 종이 테이블 매트도, 음식을 내오는 그릇도, 하물며 수저 받침까지 건성인 것이 없었다. 식당의 모든 것이 주인장이 얼마나 신경을 쓰는지 고스란히 말해주고 있었다.

음식 맛은 정갈하기는 해도 개인적으로는 감탄이 나올 정도는 아니었다. 값도 제법 비싼 편이었다. 그런데 손님들이 하나둘씩 들어오더니 식당은 금세 빈자리 없이 가득 차버렸다. 예약한 손님도 꽤 많았다. 나는 그 광경을 보고 '역시!'라고 생각했다.

그 한정식집은 작은 식당이지만 '돈의 흐름'이 완벽했다. 나는 컨설턴트로서 〈이브자리〉 대리점에 가면 상품들의 배치 상태를 먼저 본다. 손님들이 다닐 수 있는 동선을 파악하기 위해서다. 나는 이 동선을 '돈의 흐름'이라 표현한다.

손님이 매장 안을 돌아다닐 때 쌓여져 있거나 어지럽게 놓인 상품들 때문에 방해를 받아서는 안 된다. 발뿐만 아니라 시선 또한 자유로워야 한다. 손님의 동선을 막는 것은 돈줄, 즉 돈의 흐름을 막는 것과 다름없다. 손님은 매장 안에서만큼은 편안하게 보고, 돌아다니며 상품을 평가할 수 있는 권리를 누려야 한다.

또한 매장 안에는 황금 구역이라는 것이 있다. 쉽게 말해 매출이 가장 많이 나오는 구역이다. 벽장의 경우는 손님의 눈높이에 해당하는 곳에 놓인 상품들이 잘 나가는 편이다. 바닥장의 경우는 매장 정면, 그리고 오른쪽과 왼쪽에 하나씩 놓인 바닥장들이 황금 구역이 된다.

물론 그 한정식집의 동선은 〈이브자리〉 매장의 그것과는 성격이 다소 다르다. 하지만 동선이라는 것이 손님이 매장을 찾게 만드는 주요 요소라는 면에서는 다를 게 없다. 한정식집은 식탁 배치도, 실내 장식도 흠잡을 데가 없었다. 다시 한 번 강조하지만 동선은 돈의 흐름이다.

〈이브자리〉 대리점 사장님들의 경우 매장을 오픈하면 다음 리뉴얼 때까지 가구 이동을 좀처럼 시도하지 않는 매장도 있다. 나는 매장 안의 가구는 일 년에 한 번이라도 자리 이동을 하는 것이 좋다고 생각한다. 다른 변화로 손님들에게 신선함을 줄 수 있고, 이동하는 김에 청소도 하게 된다. 그런 까닭에 나는 가구 이동을 적극 권장하고 또 적극 도와드린다. 하고 나면 제일 좋아하는 사람은 역시 매장의 사장님, 사모님들이다. 가구만 옮겼을 뿐인데, 완전히 다른 매장이 됐다고 좋아하고, 자신감도 새롭게 생겼다며 의욕을 보인다.

여러분이 살고 있는 집도 가구 위치만 서로 바꿔 보길 바란다. 집안 분위기가 확 달라질 것이다. 집이든, 매장이든 환경 변화에 가구 배치만 한 것도 또 없다.

매장의 경우 계산대가 정말 중요하다. 매장 인테리어를 할 때 가장 신경 쓰는 것 중의 하나가 바로 계산대 위치이다. 바른 위치에 설치한 뒤에는 관리를 잘해야 한다. 나는 어떤 업종의 어떤 매장을 가든 계산대를 가장 먼저 본다. 가끔 정리정돈이 안 되어 있거나 먼지가 쌓여 지저분한 계산대를 보게 된다. 내가 당장 치워주고 싶은 마음이 드는 곳도 있다. 서류를 잔뜩 쌓아 놓아 정신이 없는 경우도 있는데 절대로 그러면 안 된다.

계산대는 돈의 집이다. 돈이 드나드는 집인데 특히나 장사하는 사람으로서 무신경해서는 곤란하다.

위에서 소개한 한정식집은 식탁에 앉았을 때 계산대가 눈에 잘 들어온다. 위치를 아주 잘 잡았다. 관리 또한 훌륭해서 잡동사니 하나 없다. 특별한 디자인의 이쑤시개 통으로 포인트를 주어 보는 이를 즐겁게 만들기도 했다. 한 수 배우기에 충분한 매장이다.

어느 책에서 돈을 인격체로 봐야 한다는 글을 본 적이 있다. 나는 그 가르침대로 그때부터 돈을 인격체로 보기 시작했다. 인격있는 돈이 들고 나는 곳을 소홀히 여겨서는 안 된다. 계산대, 매장안 동선 등에 신경 써야 하는 이유다.

돈을 벌고 싶은가? 그렇다면 팔 걷어붙이고 계산대부터 깨끗하게 정리하자. 그리고 매장 환경을 바꿔 보자. 산뜻해진 매장에서 돈이 순탄하게 흐를 것이다.

4.
돈만큼 귀한 돈 약속

고등학교 때였다. 식구들이 안방에 둘러앉아 저녁밥을 먹고 있는데, 대문 초인종 소리가 들렸다. 어머니가 밥을 먹다 말고 밖으로 나갔다. 이윽고 다시 들어오더니 아버지에게 말했다.

"당신 나가 보셔. 스님이 당신 만나러 왔다기에 잠깐 기다리라고 했어."

그런데 어머니 말이 끝나기가 무섭게 아버지가 숟가락을 놓고는 벌떡 일어섰다. 그러고는 장롱 문을 벌컥 열어젖히더니 이불을 몇 채 집어 던졌다.

"나 없다고 그래."

아버지는 이 한마디를 던지고는 장롱 안으로 숨어 버렸다.

우리 가족은 순식간에 벌어진 일에 다들 어안이 벙벙했다. 어머니는 아버지가 무슨 큰일을 저질렀나 싶어서 그 자리에 우두커니서 있었다. 그때 형제들 중 누군가가 이런 말을 했다.

"엄마! 아버지가 조금 전까지 있었는데 갑자기 나가신 걸 몰랐다고 애기하고, 다른 날 오시라 그래요."

그 말을 듣고 정신을 차린 어머니가 다시 방을 나갔다. 그런데 얼마 안 있어 안방 문이 확 열렸다. 어머니가 그 스님과 나란히 서 있었다.

"보세요. 우리 애들만 있잖아요. 정말이에요!"

어머니는 우리를 힐끗 본 뒤 서둘러 말했다.

"어여 밥 먹어. 신경 쓰지 말고."

이번엔 안방 문이 확 하고 닫혔다. 곧이어 거실에서 어머니와 스님이 이야기 나누는 소리가 들려왔다. 자초지종인즉, 아버지가 스님에게 돈을 빌렸는데 갚겠다는 약속도 안 지키고 전화도 안 받고 피하기만 해서 직접 찾아왔다는 것이다.

"애들 아버지가 정말 잘못했네요. 그럴 사람이 아닌데……. 들어오면, 스님한테 전화 드리든지 찾아가 뵙든지 하라고 이를 테니, 오늘은 그만 돌아가세요."

어머니는 스님에게 연신 굽실거리면서 애원했다. 다행히 스님은 어머니를 믿고 그냥 돌아가기로 했다. 방 안에서 밥도 못 먹고 있던 나는 '아버지가 기침이라도 하면 어쩌지?' 하며 스님이 집을 나설 때까지 마음을 졸였다.

한 번도 내 입으로 말한 적 없던, 지워버리고 싶은 옛날이야기이다.

그 후 아버지의 비굴함과 어머니의 처절함을 동시에 목격한 우리 형제는 한동안 아무 말도 하지 않고 지냈다. 시간이 조금 흘러서야 내막을 듣고는 우리 집이 망해 가고 있다는 것을 알았다. 나는 어떡하든 다시 살려 보려고 했던 아버지도, 어머니도 너무 불쌍했다.

우리 형제는 6남매이다. 하나같이 생활력이 강하다. 무인도에서도 거뜬히 살아남을 정도다. 그 강한 생활력이 몸에 배기까지 그 시절의 충격이 한몫 했다는 생각을 저버릴 수가 없다. 나의 경우는 생활력뿐만 아니라 돈에 대한 집착과 강박관념까지 강해졌다. 지금까지도 여기서 벗어나지 못하고 있다.

세상 모든 약속이 다 소중하지만, 돈 약속은 특히 더 중요하다. 다만 돈 약속은 사람이 어기기보다는 돈이 어기는 경우가 많다. 그래서 셈이 느린 사람과는 무언가를 함께하기가 몹시 꺼려진다.

〈이브자리〉 대리점을 운영하던 시절 모자라는 물건값을 후에 계좌로 넣어주겠다는 손님들을 이따금 만났다. 대부분 그날 바로, 혹은 다음날 돈을 보내준다. 그렇지만 이틀이 넘어가면 물건값을 떼었다고 봐도 무방하다. 몇 번의 수업료를 내고서야 내리게 된 결론이다.

'돈 앞에서 사람이 이럴 수도 있구나!' 생각하게 된 사례도 있다. 매장을 오픈한 지 얼마 안 된 시점에 겪은 일이었다. 아이 침대세트를 사러 온 손님이 있었다. 그 손님이 아이 방이 춥다고 해서 나는 땀 흡수가 잘 되고 통기성이 좋은 양모 솜을 설명했다. 설명을 들은 손님은 예쁜 침대세트에다 양모 솜까지 사겠다고 했다. 나는 감사한 마음으로 계산을 한 뒤 상품을 가방에 살 넣어드렸다.

그리고 하루 장사를 마감하려고 결산을 하는데, 이상하게 계산이 안 맞았다. 아뿔싸! 아이 침대세트와 양모 솜을 사간 손님에게서 양모 솜 값을 받지 않아 십만 원이 넘는 돈이 비는 것이었다. 물론 양모 솜 금액을 누락시킨 내 잘못이었다.

다음날 나는 그 손님에게 전화를 걸어 사과를 한 뒤 자초지종을 이야기했다. 그런데 손님은 뜻밖의 반응을 보였다.

"양모 솜까지 해서 그 가격 아닌가요? 저는 그런 줄 알았는데?"

"사모님, 죄송합니다. 양모 솜 가격은 별도입니다. 가격표도 붙어 있었어요. 그렇지만 이건 제 실수입니다. 그래서 사모님께 죄송한 마음으로 전화를 드린 겁니다."

"저는 몰라요. 사장님이 그렇게 해서 그 가격인 줄 알았죠!"

모르겠다고만 하는 손님에게서는 더 이상 타협의 여지가 느껴지지 않았다. 나는 울며 겨자 먹기로 "그래요, 사모님. 이번엔 제가 잘못한 거니 잘 쓰시고, 다음에 또 팔아주세요. 죄송했습니다." 하고는 전화를 끊었다. 괜히 손님을 기분 나쁘게 해서 손님을 놓치는 것보다는 내가 물러서는 게 낫겠다는 마음에서 그랬다.

전화를 끊고 난 뒤 마음이 몹시 불편했다. '돈이 뭐라고 이러나?' 하는 생각에 회의까지 들었다. 그래도 '그래. 그 손님 분명히 또 올 거야.' 하면서 스스로를 위로했다.

하지만 그 손님은 일 년이 지나도, 이 년이 지나도, 십 년이 되어 가게 문을 닫을 때까지 찾아오지 않았다. 지금까지 생각이 나는 걸 보니 그때 어지간히 서운했던 모양이다. 그런데 이 이야기를 다른 대리점들에게 꺼냈더니, 다 한 번씩은 있다고 했다. 그래서 함께 웃을 수 있었다. 서로 바보라고 놀리면서.

군 입대를 두 달 앞둔 아들과 안경점에 갔다가 겪은 일이다. 나는 눈 수술을 받고 시력이 좋아져서 전에 쓰던 안경의 렌즈를 한 달 전에 교체했었다. 그 후에 아들은 부러진 안경다리를 바꾸고, 신병 훈련 중 깨질 것을 염려해 여벌의 안경을 맞추었다. 그렇게 해서 11만 원의 안경값이 나왔다. 나는 만 원을 깎아달라고 해서 모두 10만원을 계산하고 나왔다.

그런데 안경점을 나오자마자 아들이 난리가 났다.

"저 사장님도 먹고 살아야 되는데, 왜 엄마가 안경값을 마음대로 정해? 창피해서 혼났네."

"무슨 소리냐? 저번에도 안경을 두 개나 했는데, 만 원 깎은 것 가지고 네가 엄마한테 이러면 안 되지."

"엄마는 장사할 때 손님들이 가격을 막 깎으면 좋았어? 싫었잖아. 그런데 엄마는 왜 그런 행동을 해? 내가 내일 안경점에 만 원 갖다 줄 거니까, 말리지 마."

곰곰 생각해 보니 아들 말이 맞았다. 나도 장사를 했으면서 장사하는 사람의 입장을 헤아리지 않은 건 잘못이었다.

"그래, 미안해. 내일 갖다줘."

나는 더 이상 아무 소리도 못하고 집으로 왔다.

그날 아들에게 구박 받은 뒤로 나는 절대로 가격을 깎지 않는다. 가끔 깎고 싶은 마음이 의지와 상관없이 솟아날 때는 '나는 이 돈을 낼 능력이 있어. 사장님, 잘사세요. 감사합니다.' 하면서 속으로 갈무리를 한다. 여기서 한 단계 더 발전해 '내 돈으로 잘살면 좋지, 뭐' 하는 생각도 하게 되었다. 이런 생각을 하면 제값을 주고 사도 기분이 참 좋았다.

여러분은 돈과 관련해 어떤 사연이 있는가? 최소한 돈으로 사람의 마음을 아프게 하는 행동은 안 하기를 당부한다.

돈은 알고 있다. 자기를 이용해 남을 돕는지, 아니면 남을 힘들게 하거나 아프게 하는지 다 지켜본다. 약속을 잘 지키는지도 물론 알고 있다.

부자가 되고 싶은 사람의 지갑 사정

나는 부자가 되고 싶었다. 하지만 월급 받고 회사를 다니다 보니까 복권이 당첨되지 않는 한 큰 부자는 먼 나라 이야기로 남을 것 같았다. 그래서 나는 부자를 닮기로 했다. 스스로를 변화시켜야 되겠다고 결심하면서 이것도 '변화 리스트'에 올렸다.

부자가 하는 행동을 따라하면 좋다는 이야기를 들었기에 나는 이것부터 시도해 보기로 했다. 바로 지갑 관리였다.

평소 나는 옷과 신발은 좋아해도 가방이나 지갑은 그다지 관심이 없었다. 가방도, 지갑도 지금까지 한두 개 정도 썼을 뿐이다. 나를 아는 지인들은 "거짓말 아니야?" 하고 의심할 수도 있다. 무리는 아니다. 그들은 내가 옷을 매일매일 갈아입고 다니니, 옷에만 눈길을 주느라 내 가방과 지갑은 유심히 못 보았을 것이다. 하루는 어느 직원이 "실장님은 어떻게 한 달 동안 똑같은 옷을 한 번도 안 입으세요?"라고 물어서 나도 놀랐었다. 참고로 나는 비싼 옷 한 벌 장만할 돈으로 저렴한 옷을 여러 벌 샀기에 옷이 많은 것이다.

어느 날 부자들의 지갑을 관찰하고 조사한 글을 읽게 되었다. 부자들은 돈에 구김이 갈까봐서 항상 장지갑을 가지고 다닌다는 내용에 나는 지갑부터 바꾸려고 마음먹었다. 오랫동안 정든 반지갑과 이별을 결심한 것이다.

부자들은 지갑이 늘 정돈되어 있고, 자질구레한 영수증 한 장 없다는 내용도 있었다. 또한 동전은 장지갑 안에서 잘 관리를 하거나 동전 지갑에 따로 둔다고 했다. 이에 비해 내 지갑에는 잡다한 영수증이 구겨진 채 담겨 있고, 동전도 어수선하게 들어 있었다. 종이돈은 삐뚤삐뚤 대충 넣어져 있었다.

지갑은 돈의 집이라서 잘 관리해야 한다는 말도 가슴에 새겨졌다. 나는 내 자신 크고 깨끗한 집에서 떵떵거리며 살고 싶어 했으면서 돈이 좋은 집에서 살아야 한다는 생각은 꿈에도 못했었다. 그냥 지갑에다 넣으면 그만이라고만 생각했다.

돈이 눈과 발이 달린 인격체라는 것도, 실제로 부자들은 돈을 인격체로 여기며 산다는 것도 그 글을 읽고 알았다.

"그래, 그럼 내 돈을 최고의 호텔에서 재워주겠어."

나는 큰맘 먹고 일본 출장길에서 명품지갑을 사왔다. 오십 평생 처음 만져보는 명품이었다. '명품'자가 붙은 것은 단 한 번도 사본 적이 없는 나였기에 정말 대단한 결행이었던 것이다. 그리고 명품 구입은 그것이 처음이자 마지막이었다.

막상 명품지갑을 사고 보니 100번도 더 넘게 후회가 밀려왔다. 하지만 구입처가 일본이라 환불할 수도 없었다. 그렇게 우여곡절 끝에 돈의 호텔을 마련한 나는 구겨진 돈을 손으로 잘 펴고, 지폐 속 인물의 얼굴도 맞추어서 집어넣었다. 게다가 부자 친구들에게 외국돈까지 한 장씩 얻어서 챙겨 넣었다. 신용카드와 명함도 정리 정돈해서 극진히 대접했다.

비가 오면 명품 가방을 든 사람은 가방을 가리고, 짝퉁 가방을 든 사람은 가방으로 머리를 가린다는 우스갯소리가 있다. 설마 했 는데, 이게 사실이었다. 비가 오니까 나도 모르게 손지갑을 품에 감추게 된 것이다. 그런 내가 웃겨서 집으로 오는 길에 혼자 미친 여자처럼 웃어젖혔다.

돈에 예의를 갖추기 시작하면서 새로운 습관을 들였다. 현금이 든, 카드든 사용할 때 인사를 건네는 습관이다.

"잘 가고, 또 놀러와. 올 때는 혼자 오지 말고 친구들이랑 같이."

다른 인사도 있다.

"나는 너를 엄청 사랑해. 나한테 꼭 다시 와!"

낯간지럽고 어색해도 돈이 나갈 때 이렇게 인사를 하니까 좋은 점이 있었다. 돈이 아까운 생각이 안 든다는 점이다. 돈이 다시 온다고 생각하니까 가벼운 마음으로 돈을 떠나보낼 수 있었다. 물론 그렇다고 낭비를 한 것은 아니다.

요즘은 카드를 많이 쓰는 시대이지만, 나는 현금을 지갑에 어느 정도는 꼭 가지고 다니려고 노력한다. 지갑을 가난하게 하고 싶지 않아서다. 또한 누군가에게 돈을 건넬 때는 상대방과 얼굴을 맞추고 정중하게 주려고 노력한다.

명품지갑과 함께 살아가던 어느 날, 아들이 대뜸 한마디 던졌다.

"엄마, 우리 집에 비싼 애가 왔다갔다하는 것 같아."

내 명품지갑을 가리키는 게 딱 티가 났다. 나는 쑥스럽기도 하고 미안하기도 해서 거짓말로 대꾸했다.

"어, 그거 짜가야."

"짜가? 얼만데?"

"음…… 이십만 원."

다음날 회사에서 친한 직원에게 그 이야기를 했다. 그랬더니 그 직원이 이렇게 말했다.

"사실대로 고백해요. 평소 낭비도 안 하고, 난생처음 한 번 산 건데, 설마 아들이 뭐라고 하겠어요?"

그 말에 우리는 함께 웃었다.

지금은 지갑을 직접 만들어서 가지고 다닌다. 내 정성이 들어간 지갑이기에 진정한 명품 지갑이다. 물론 그 지갑에다가도 돈을 귀하게 모신다. 나는 지갑을 직접 만들 만큼 돈과 친해지는 연습을 꾸준히 하고 있다. 연습 덕분인지 빚을 지고 있는 데도 하나도 불안한 생각이 안 든다. 그 전에는 '언제쯤 빚 없이 살 수 있을까?'라는 생각을 매일같이 하고 살았었다.

오늘도, 내일도 나는 돈과 지갑을 귀하게 여기며 살 것이다. 부자가 되기 위해서다.

마지막으로 《운이 풀리는 말버릇》(고이케 히로시, 나무생각)에 나오는 돈들의 대화를 소개한다.

"그 지갑, 어땠냐?"

"더러워. 가지 않는 게 좋아."

"그 지갑은 어땠어?"

"주인이 너무 인색해. 거의 사용하지 않아서 썩은 냄새가 나."

"나는 두 번 다시 그 지갑으로는 돌아가지 않을 거야."

"어땠어? 좋은 지갑이었어?"

"응. 조금 전까지 있던 지갑 말이지? 정말 최고였어. 지갑 안이 정말 깨끗해. 주인은 기분 좋게 나를 반겨주었고 나를 꺼낼 때도 미소를 잃지 않았어."

"나도 그 지갑에 들어가고 싶다!"

여러분의 지갑은 지금 안녕하신가?

부자를 보면 배가 아프다

"사촌이 땅을 사면 배가 아프다."라는 속담은 누구나 안다. 남이 잘되면 시기하고 질투하는 사람의 심리를 빗대어 표현한 속담이다.

그런데 이 속담은 의미가 변질된 것이라고 한다. 이 속담은 본디 '사촌이 밭을 사면 그 밭에 가서 배가 아플 정도로 똥을 싸서 거름이 되도록 보태준다'는 좋은 뜻을 담고 있었다고 한다. 그런데 언제부터 시기하고 질투하는 뜻으로 변질되었는지 알다가도 모를 일이다. 일제강점기 때 일제가 의도적으로 나쁜 뜻으로 바꾸었다는 설도 전해진다.

여하튼 나는 이 속담을 이렇게 바꾸어 사용하고 있다.

"사촌이 땅을 샀네! 와, 멋지다! 축하한다!"

내가 처음부터 이렇게 착한 사람이었을까? 아니올시다이다. 원래 나는 부자만 보면, "쟤는 왜 저렇게 잘 풀리는 거야?", "부모가 도와줬겠지.", "어머! 걔가 상속을 많이 받았다고? 그동안 우리 아버지는 뭐하셨대?" 이렇게 심보가 꼬이는 사람이었다.

그런데 이렇게 삐딱하게 뱉어낸 말들이 부자로 가는 길목을 막았다는 것을 뒤늦게야 깨달았다. 깨달을 때까지의 과정은 길었고, 그 수업료는 참 비쌌다.

지금 여러분도 부자로 가는 길목을 본인의 두 손으로 막고 있는 건 아닌지 모르겠다. 부자들을 향해 굳이 나쁜 말을 쏟아부을 필요는 없다. 그 나쁜 말들이 더 큰 홍수가 되어 자신에게 쏟아질 수도 있다. 내가 몸소 겪었다. 그 후로 나는 절대로 부자를 욕하지 않는다.

앞으로 부자로 살기를 꿈꾸는 이들에게 한마디 하겠다.

"부자를 욕하지 마세요!"

아니, '두 마디' 해야겠다.

"부러워하지도 마세요."

우스갯소리로 "부러우면 지는 거다."라고들 하는데, 이 말이 예사롭지가 않다. 내가 부자가 되기로 마음먹고 이 말을 곰곰이 생각해보니 진짜로 지는 거였다. 지난날의 나도 매일 부러워만 하는 인생을 살았다. 그러니까 진즉에 부자가 못 되었던 것이다.

이제는 부자를 부러워하지 않는다. 텔레비전에서 어린 연예인이 집을 샀다고 하면 "참 대단하구나! 넌 앞으로 더 큰집으로 이사하게 될 거야." 하고 웃으면서 응원할 만큼 여유가 생겼다. 예전에 운전할 때는 뚜껑 열린 외제차를 탄 젊은 친구가 끼어들기를 하면 기를 쓰고 끼어들 틈새를 안 주었다. 하지만 지금은 "멋지다. 너는 부자 부모를 둔 복 받은 아이구나." 하면서 먼저 보내준다. 이런 행동을 시작하면서 나도 곧 부자가 될 수 있다는 마음이 점점 확고해지는 것을 느낄 수 있었다.

《부의 추월 차선》을 쓴 엠제이 드마코의 경험담을 소개한다. 그가 어느 날 주유소에서 자신의 람보르기니에 기름을 넣고 있는데, 한 소년이 다가왔다.

"차 사진을 찍고 싶은데 허락해 주시겠어요?"

어려운 일도 아니기에 드마코는 소년의 청을 들어주었다. 그러자 소년이 이렇게 말했다.

"저는 람보르기니를 절대 못 살 테니까, 사진이라도 많이 찍어놓으려고요."

여러분은 이 소년을 보고 어떤 생각이 드는가?

이 소년이 순수하다고 칭찬할 수는 있다. 하지만 나는 안타깝다. 자신은 절대로 람보르기니를 살 수 없다고 단정을 지은 소년이 능동적인 삶을 살 수 있을까? 넉넉한 삶을 누릴 수 있을까?

엠제이 드마코도 안타까워했다. 소년은 세상의 풍파로부터 자신을 보호하려고 스스로 세워 놓은 앞유리창 때문에 제한된 시야로 살아갈 것이라고. 소년은 제한된 시야가 얼마나 인생을 쇠약하게 만드는지 모르고 있다고.

나는 소년이 이렇게 말했으면 어땠을까 혼자 상상해본다.

"저는 이다음에 람보르기니를 꼭 살 거예요. 이 차가 너무너무 타고 싶거든요. 하지만 지금은 탈 수 없어서 사진이라도 찍어두는 거예요."

《부자들의 매일의 성공 습관》이라는 책을 쓴 토마스 콜리는 5년 동안 부자들을 연구했다. 그 결과 부자들에게 9가지 특별한 습관이 있다는 것을 발견했다. 나는 이 9가지 습관을 절대 지지한다. 그래서 적극 실천하려고 노력하고 있다.

습관 1. 자신의 목표를 시각화하여 집중한다.
습관 2. 오늘 반드시 해야 할 일이 무엇인지 알고 있다.
습관 3. 텔레비전을 많이 보지 않는다.
습관 4. 독서를 한다.
습관 5. 오디오북을 좋아한다.
습관 6. 사무실에서의 업무 그 이상의 일을 한다.
습관 7. 대박을 바라지 않는다.
습관 8. 자기 몸 관리를 철저하게 한다.
습관 9. 미소에 신경 쓴다.

여러분은 해당되는 습관이 몇 개나 되는지 궁금하다. 해당되는 게 적거나 없다고 해서 상심할 필요는 없다. 지금부터라도 노력하면 부자가 될 가망이 있다.

부자가 되고 싶으면 우선 부자가 되겠다는 결심부터 굳히자. 그리고 하루 빨리 그날이 오기를 바라면서 언젠가는 이루겠다는 선언을 하자. 다음엔 자신이 어떡하면 부자가 될 수 있는지 몸으로 부딪히면서 찾아보자.

부자를 보면 칭찬도 하고 응원도 해주자. 람보르기니를 탄 사람은 같은 람보르기니를 탄 사람에게 저주의 말을 퍼붓지 않는다.

부자는 생각하고 움직이는 과정에서 만들어지는 것이다. 세상에 공짜가 없듯 부자가 되는 길에도 공짜는 없다. 부자로 가는 선을 반듯하게 긋고, 그 선을 따라 움직여보자.

chapter 7

불황에 살아남는
생존 노하우

왜 자꾸 찾아오세요?

대리점을 운영한 지 얼마 안 되었을 때 손님이 직원과 마찰이 생겨서 컴플레인을 건 적이 있었다. 나는 나름 중재하겠다고 끼어들었다가 되레 더 기름을 붓고 말았다. 손님은 나를 직원과 한패로 몰아붙이며 말도 안 되는 일로 꼬투리를 잡았다. 손님은 이미 상품을 구입한 상태였는데, 나는 일부 반품을 받아주는 것으로 일단락을 냈다.

나도 화가 났다. 하지만 이유를 막론하고, 우리 매장을 생각해서 찾아준 손님인데, 이건 아니다 싶었다. 나는 손님과의 꼬인 관계를 풀어보려고 3개들이 각티슈를 들고 손님 집을 찾아갔다. 벨을 누르자 이내 현관문이 열렸다. 그런데 손님은 나를 보자마자 현관문을 확 닫아버렸다. 너무 어이가 없었지만 그래도 꾹 참으면서 손님에게 대화를 청했다. 그렇지만 아무 기척이 없어서 그냥 돌아오고 말았다.

'우리가 뭘 그렇게 잘못했지?'

매장에 돌아오니 이 생각부터 들었다. 그래도 흥분을 가라앉히며 일주일 후에 다시 찾아가기로 마음먹었다. 그 손님과 어떻게든 풀지 않으면 우리 매장은 물론 〈이브자리〉의 이미지도 나빠질 것 같았고, 그런 안타까운 일은 만들고 싶지 않았다.

일주일 뒤, 벨을 누르자 문 안에서 누구냐고 묻는 소리가 새어 나왔다. 나는 일부러 아무 말도 안 하고 서 있었다. 조금 뒤 손님이 문을 열고 나왔다.

"왜 자꾸 찾아오세요? 이제 오지 마세요. 아기가 있어서 들어가 봐야 돼요."

"지난번 일, 서로 오해가 좀 있었는데, 얘기 좀 나눌 수 있을까요?"

"할 말 없어요. 가세요."

손님은 그대로 들어가버렸다.

다른 대리점 사모님에게 이 이야기를 했더니, 대번에 미쳤다는 대답이 돌아왔다. 게다가 그런 데다 힘 빼고 다니지 말라며 나무라기까지 했다. 야단을 맞아도 나는 그냥 묻어둘 수가 없었다. 말했듯이, 우리 매장과 〈이브자리〉한테 나쁜 감정이 생겼다는 것에 참을 수가 없었다. 내 진심은 사실 그런 것이 아니었다고 알려주고 싶었다.

'이번에는 꼭 풀어야지!'

나는 단단히 마음을 먹고 그 손님을 다시 찾아갔다. 또 벨을 누르고, 또 현관문이 열리고, 또 손님이 나왔다.

"이렇게 세 번씩이나 찾아오시는 거 보니까 제가 더 잘못한 거 같네요. 이제 서로 잊어요. 그리고 차 한 잔 대접하고 싶은데, 손님이 와 있어서 안에 모실 수는 없고, 조만간 이브자리로 갈게요."

삼고초려를 한 나에게 손님은 마음을 열었다. 결국 그 손님과는 꼬인 매듭을 잘 풀게 되었다.

이 일은 참 귀한 경험으로 남아 있다. 장사를 시작할 때 돈도 좋지만 사람을 먼저 남기자며 스스로에게 약속했었는데, 그 약속을 나름 지키려고 애쓴 경험이기 때문이다. 그 후 나는 손님 한 사람, 한 사람에게 더욱 정성을 다했다. 그랬기에 지금 이 자리까지 왔는지도 모른다.

나는 개인적으로 김미경 강사를 좋아한다. 힘이 없다가도 이 사람 강의를 들으면 기운이 번쩍 난다. 공개 강의도 여러 번 들었고, 유튜브 강의도 빼놓지 않고 듣고 있다.

어느 날 친구와 일상적인 통화를 하다가 뜻밖의 소식을 듣게 되었다. 친구가 내일 김미경 강사와 포천에서 저녁식사를 하기로 약속했다는 이야기였다. 나는 곧바로 친구에게 부탁을 해서 그 자리에 끼기로 했다.

다음날 고대하던 저녁식사 시간이 되었다. 강의장에서만 몇 번 봤을 뿐, 내가 닮고 싶어 하는 사람이 바로 눈앞에 있다는 사실이 그저 좋았다. 안동에서 강의를 마치고 온 김미경 강사는 오래 운전을 해서 피곤할 텐데도 씩씩하게 말을 잘하고, 식사도 복스럽게 잘 먹었다.

그 저녁식사에서 김미경 강사에게 이런저런 이야기를 실컷 들었다. 이야기를 통해 성공은 아무나 하는 것이 아니라는 점을 뼈저리게 느꼈다.

제일 가슴에 와 닿은 이야기는 영어 공부를 향한 열정에 관한 것이다. 김미경 강사는 하루도 빠짐없이 매일 영어 공부를 하는데, 그날 못 하면 밤 12시나 1시가 넘어서라도 꼭 한다고 했다. 그 이유는 외국에서 한국말을 모르는 사람들에게 본인의 이야기를 영어로 강의하고 싶어서란다. 뚜렷한 목표를 가진 사람, 그리고 목표를 향해 부단히 노력하는 사람. 그런 김미경 강사는 대한민국 스타 강사가 될 수밖에 없는 인물이라는 생각이 들었다.

그날 이후 나는 김미경 강사를 더 닮고 싶어졌다.

아들이 군 입대를 앞두고 있던 시절 빚어진 추억이다. 아들은 입대 전까지 천만 원을 모으겠다는 목표를 세웠다. 그 목표를 이루기 위해 평일에는 꼬치집에서, 주말에는 고기집에서 아르바이트를 했다. 고기집에서는 숯불 담당이었는데, 그해 여름이 엄청

더워서 못내 안쓰러웠다. 그래도 젊어서 모진 고생을 한 번은 해야 된다는 생각에 모르는 척했다.

그런데 어느 주말, 고기집에서 알바를 하고 돌아온 아들의 얼굴이 새빨갰다. 몹시 화가 났는지 씩씩거리기까지 했다.

"아들, 왜 그래?"

"엄마 때문이야!"

"왜 엄마 때문인데? 내가 뭘 했다고?"

"진짜 몰라서 그러는 거야?"

"몰라. 뭔데?"

"알바하는 거 뻔히 알면서 전화하면 어떡해? 엄마는 회사 다니면서 그런 것도 몰라?"

아들은 알바하는 동안에는 핸드폰을 무음으로 해두고, 화장실 갈 때나 간식 시간에 짬을 내서 핸드폰을 확인한 뒤 아주 급한 일만 잠깐 처리한다고 했다. 나머지는 알바 끝나고 통화를 하고.

"친구들도 나 알바할 때 전화는 안 해. 그런데 엄마는 회사를 다닌다는 사람이 일하는 곳으로 생각없이 전화를 해? 중요한 일도 아니면서?"

나는 하도 기가 막혀서 웃어버렸다. 아들은 엄마는 평상시에 그렇게 사냐는 핀잔까지 주며 내 말문을 막아버렸다.

다 맞는 말이었다. 아들은 비록 알바라도 대가를 받는 것이니 하는 일에 최선을 다해야 한다고 주장했다. 누가 보든 안 보든 성실하게 하지 않고 딴전을 피우면 약속을 어기는 것이라고 했다. 아들의 말에 일터 사장님들이 증인이 되어주었다. 그분들은 아들이 아르바이트를 그만 둔 뒤에도 시간만 나면 도와달라는 전화를 종종 했다. 아들의 말이 틀렸다면 두 번 다시 연락하지 않았을 것이다.

나는 아들 앞에 부끄러웠다. 부끄러움 끝에 새삼 깨달았다. 누가 보든 안 보든 자신과의 약속을 잘 지키는 사람 뒤에는 언제나 성공이 기다리고 있다는 사실을.

인사는 행동이다

나는 좋다는 강의는 주제와 상관없이 찾아다닌다. 어떤 강의의 강사든 대체로 강조하는 한 가지가 있다. 바로 인사다. 인사를 성공의 첫째 조건으로 꼽는 강사들이 참 많다.

나도 이의를 제기하지 않는다. 문제는 인사가 중요하다는 것을 알면서도 그동안 제대로 안 했다는 것이다. 나는 고개만 까딱하는 수준으로 인사에 정성을 들이지 않았다.

어떤 기업은 인사를 잘하게 하려고 산에 올라 큰 소리로 연습을 시킨다고도 한다. 확실히 연습을 하면 나아질 가능성이 높다. 나도 처음에는 쉽지 않았는데 꾸준히 연습한 결과 나름 잘하게 되었다.

나는 주상복합 아파트에서 〈이브자리〉 대리점을 운영했는데,

위층 주거 시설에 인사를 잘하는 아주머니가 한 분 살았다. 늘 활짝 웃으면서 반갑게 인사를 건네는 아주머니는 인사에 무척 정성을 들였다. 오십 평생 살면서 아직까지도 그 아주머니를 능가하는 사람을 만나보지 못했다.

주변 사람들도 그 아주머니의 인사성을 인정했다. 어느 정도냐면, 선거 때가 되면 선거운동본부에서 그 아주머니를 서로 모셔가려고 한다. 그래서 그런지 선거철에는 그 아주머니를 자주 만나게 된다. 길에서, 역 앞에서 선거운동을 하면서도 아주머니는 진심을 다해 인사한다. 밝은 얼굴로 고개를 푹 숙이는데, 곁에서 보기만 해도 사르르 마음이 녹아버린다. 나도 만약에 선거에 나간다면 이 아주머니를 꼭 부를 것 같다.

어느 날 출근길에 아주머니가 〈이브자리〉에서 판매를 하면 좋겠다는 생각이 문득 들었다. 그래서 날을 잡아 아주머니가 사는 아파트로 찾아가 경비아저씨에게 물었다.

"여기 혹시 잘 웃고 인사 잘하는 아주머니, 아직 살고 계신가요?"

"그럼요. 그런데 아침에 나가서 지금은 안 계십니다."

"어떻게 '잘 웃는 아주머니' 하니까 금방 아세요?"

"그 아주머니 이 동네에서 꽤 유명해요. 친절하고 인사 잘하기로."

'역시!' 하고 돌아서는데, 그 아주머니가 멀리서 반갑다고 알은

체를 하면서 뛰어왔다. 오랜만에 만나는 건데 인사를 잘하기는 여전했다.

나는 찾아온 이유를 말하고 〈이브자리〉의 일을 해볼 것을 권했다. 그러자 아주머니는 당신은 나이가 많아 못 한다고 했다. 그제야 나이를 물어보니, 예순이라고 했다. 나는 깜짝 놀랐다. 그동안 쉰 정도로만 생각했던 것이다. 아주머니는 늘 웃고 인사하며 다닌 덕분에 늙지도 않은 모양이었다.

신입사원들은 입사 초기에는 말 그대로 신입사원답게 큰소리로 또박또박 인사를 잘한다. 그런데 연차가 올라갈수록 인사가 시들해진다. 친해지고 익숙해져서 그런 면도 있겠지만, 한번쯤 생각해 봐야 할 부분이다.

요즘의 나는 늘 큰 소리로 오버하면서 먼저 인사하려고 노력한다. 윗사람이건 아랫사람이건 먼저 숙인다. 그러면 아랫사람 중에는 깜짝 놀라는 사람도 있다. 여하튼 인사할 때는 자기 목소리보다 한 옥타브 정도 올리는 게 좋다고 한다. 설득 강의에서 배운 것이다.

어떤 업종이든 대부분의 매장에서는 손님이 들어올 때 "어서 오세요."라고 한다. 반면 나갈 때는 "안녕히 가세요!"라고 인사한다. '어서 오세요'는 문제가 없다. 그런데 '안녕히 가세요'에 문제가 있다. 이 말은 진짜로 안녕히 가라는 인사말이라고 한다. 그래서 '또 오세요'나 '안녕히 가시고 다음에 또 오세요'가 좋다고 한다. 이 말을 들은 다음부터는 나도 '안녕히 가세요'를 한 번도 사용하지 않았다. 아쉬운 것은 내가 대리점을 할 때는 이런 인사를 몰라서 못 했다는 점이다.

다음은 인도의 성자 간디의 말씀이다.

"천 번의 기도보다는 한 번의 행동으로 주변 사람들을 행복하게 만들어라."

진심어린 한 번의 인사가 남에게 행복을 주는 한 번의 행동이 아닐까 생각한다.

〈이브자리〉에서는 아침마다 예절 교육을 한다. 사내 방송이 나오면 같은 사무실을 쓰는 사람들은 모두 서로 마주 보고 선 채 인사를 나눈다. 사내 방송에서 흘러나오는 인사를 모두가 큰 소리로 따라하는 것이다.

"안녕하십니까?"

"또 오십시오!"

"대신 받았습니다. 점포 활성화팀 남윤희입니다."

"늦게 받아 죄송합니다. 점포 활성화팀 남윤희입니다."

"좋은 하루 되십시오."

서로 마주 보면서 이렇게 우렁찬 목소리로 인사를 하면 저절로 미소가 배어난다. 뿐만 아니라 서로의 기분 상태도 느낄 수 있어 좀 더 상대를 배려하게 된다. 아무튼 밝은 인사로 아침을 열면 활기가 하루 종일 이어지는 경우가 많다.

내가 아무리 인사 연습을 해도 잘 안 되는 게 하나 있다. 아파트 엘리베이터 안에서 같은 동에 사는 사람들에게 인사하는 것인데, 그게 잘 안 된다. 하루는 작정하고 인사했더니만, 상대방이 어쩔 줄 몰라 했다. 그 모습을 보고는 나도 무안해서 인사를 못 했다. 그래도 꼬마들에게는 잘하는 편이다. 먼저 "예쁘다!", "잘생겼네!" 하며 인사를 건넨다.

이제 다시 한 번 용기를 내보려고 한다. 엘리베이터 안에서 만난 사람에게 기분 좋은 웃음으로 먼저 다가갈 것이다.

성공하겠다는 목표가 있는 사람은 용기가 있어야 한다. 용기를 내서 바로 행동으로 옮겨야 성공을 거머쥘 수 있다. 인사도 그 행동 중 한 가지다. 누구를 보더라도 먼저 다가가서 웃으면서 인사를 해보자. 그가 여러분을 기억해 줄 것이다.

먼저 인사를 하는 것은 자부심이 있는 사람들의 특권이라고 한다. 이 특권을 누려야 하지 않겠는가.

성공은 가족 경영에서부터

지금까지 살아오면서 가장 후회되는 것이 있다. 바로 가족이다.

나는 아이를 못 낳다가 마흔이 다 되어서 아들 하나를 낳았다. 임신 소식을 들었을 때 믿을 수가 없어서 개인 병원 두 군데에 가서 확인하고, 그래도 못 믿어 대학병원까지 가는 유난을 떨었다.

산모가 노산이라 대학병원에서는 제왕절개를 권했다. 나도 의사의 제안을 순순히 수락했다.

의사는 수술 날짜를 7월 말쯤이나 8월 초로 잡는 게 좋겠다고 했다. 집에 돌아온 나는 깊은 생각에 잠겼다.

'아니야! 우리 아이와 만나는 날은 내가 정할 거야. 어차피 자연 분만 못 하는 거면.'

이렇게 출산일에 대한 의지가 생겼고, 나는 고민 끝에 '8월 8일 8시'를 떠올렸다. 아기가 '팔팔'하게 잘 살라는 뜻에서.

병원의 허가를 받아 8월 7일에 입원했다. 이튿날인 8월 8일은 엄마가 되는 날! 그런데 급한 산모들이 생겨 '수술 시간 8시'는 지키지 못했다. 나는 오전 10시 41분에 2.9kg의 사내아이를 낳았다. 벌써 22년 전 이야기다. 내가 잡은 수술 날짜의 효험인지 아들은 정말로 동에 번쩍, 서에 번쩍 팔팔하게 잘 살고 있다.

아들이 여섯 살 되는 해에 나는 〈이브자리〉 대리점을 시작했다. 남편도 사업을 시작한 지 얼마 안 된 때라 돈이 모자라 빚을 내야만 했다. 어린 자식에, 빚에, 불안하고 초조할 수밖에 없었다.

그래서 나는 추석날과 설날만 딱 쉬고 열심히 일했다. 아침 10시에 문을 열어 밤 9시에 닫으니 하루하루가 피곤했다. 장사 마치고 뒷정리까지 한 뒤 집에 가면 평균 10시인데, 아이가 놀아 달라고 하면 노는 둥 마는 둥하다가 잠자리에 들었다. 돈을 갚아야 한다는 생각에 붙잡혀 일에만 매달렸고, 그래서 아들에게 살가운 엄마가 되어주지 못했다. 당연히 남편에게도 소홀했다. 돌이켜보면 참 어리석게 산 것 같다.

그래도 어린 아들과 같이 있는 시간을 늘려보겠다고 매장 한켠에 작은 방을 만들었다. 하지만 아들 혼자 두기는 매한가지였다. 아들과 밥 먹다가 손님이 오면 장사를 하느라 아이 혼자 밥 먹게 두는 것이 다반사였다. 짜장면을 시켰다가도 손님이 오면 아이혼자 먹게 하고, 나는 나중에 불어터져 떡이 된 것을 젓가락으로 가르며 먹는 일도 많았다.

그때는 이런 생활이 내 처지에는 어쩔 수 없다고 합리화했다. 그냥 열심히만 살면 되는 줄 알았다. 그런데 아들이 사춘기에 접어들면서 열심히만 살았던 삶이 부메랑이 되어 아프게 돌아왔다. 아들은 내가 짐작도 못 할 만큼 엄마를 향한 원망을 쌓으면서 성장하고 있었던 것이다.

"엄마는 돈을 선택하고 나를 버렸어."

아들에게 이런 말까지 들었을 때 정말 죽고 싶을 만큼 슬펐다. 시간을 다시 되돌리고만 싶었다. 그때로 돌아가면 매일 놀이터에서 놀아주고, 아이가 좋아하는 놀이공원도 가고 그럴 텐데……. 하지만 후회해봐야 소용없는 일이었다.

돈만 바라보느라 엄마 노릇도 못 한 엄마 밑에서 아들은 고맙게도 잘 자라주었다. 엄마를 이해하는 속 깊은 아들이 되었고, 좋은 대학에도 들어갔고, 지금은 씩씩한 군인이 되어 팔팔하게 나라를 지키고 있다.

어른이 된 아들은 지금도 가끔 농담을 던진다.

"엄마는 돈을 선택했고 나를 버렸어. 근데 우리 집은 가난해."

사춘기 때 던진 농담을 살짝 변용한 것인데, 내 생각엔 더 뼈가 있다.

아들과 나는 똑같은 꿈이 있다. 아들이 결혼하면 아이는 반드시 엄마가 키우게 하겠다는 꿈이다. 둘 다 얼마나 한이 맺혔으면 그런 꿈을 품게 되었는지 참 기막힌 일이다.

컨설턴트로서 대리점을 다니는 요즘에는 현명하게 사는 사모님들을 많이 만난다. 대리점을 하는 사모님들끼리 모임을 만들어서 한 달에 한 번 맛집에 가고, 좋은 데 구경도 가고, 신나게 놀기도 하면서 보낸다고 한다. 시원하게 스트레스를 풀고 나면 일에서도, 가정에서도 더 행복을 느낀다고 자랑한다. 정말 잘하고 있다는 생각이 든다.

어떤 대리점들은 한 달에 한 번씩 날짜를 정해 쉬기도 한다. 일요일에는 매장 문을 조금 늦게 열거나 조금 일찍 닫는 데도 많다. 그렇게 시간을 내서 가족과 외식도 하고, 운동도 한다. 일 년에 한 번씩 정기적으로 해외여행을 다녀오는 곳도 있다. 그러면 나는 "참 잘하셨어요!"라고 칭찬을 한다.

지난날의 나처럼 일에만 얽매여 사는 사모님들을 만나면 기를 쓰고 이야기한다. 그렇게 살다가 나처럼 후회한다고. 갈 길이 머니 쉬엄쉬엄 가면서 가족들과도 시간을 보내라고 설득한다.

장사는 멀고도 먼 길이다. 하루아침에 끝날 일이 아니다. 여유를 가지고 가족을 돌아보면 가족에게서 힘을 얻는다.

가족은 축복이다. 가족들과 따뜻한 차 한 잔을 나누면서 축복을 만끽하기를 바란다. 안 그러면 나처럼 후회한다.

오늘의 시간들로 결정되는 미래의 모습

나를 성장시키기 위해 독서에 매달렸다는 이야기는 이미 1장에서 잔뜩 늘어놓았다. 그래도 차마 못 다한 이야기가 있어 소개한다.

나의 독서를 방해한 고약한 장애물 중 하나는 노안이었다. 이건 그야말로 의지의 문제가 아니었다. '몸이 안 따라주는 것'은 의지만으로는 극복할 수 없는 문제였다.

그래도 2년 동안 꾸준히 독서의 탑을 쌓아온 나는 큰 결심을 했다. 세상에서 제일 무서워하는 눈수술을 받기로 한 것이다. 그래야만 지치지 않고 계속 나를 성장시킬 수 있을 것만 같았다. 책을 못 보면 후퇴할 게 뻔했고, 어렵게 여기까지 왔는데 다시는 뒤로 돌아가고 싶지 않았다.

나는 거금 700만원부터 마련했다. 다음엔 친구에게 병원을 소개받았다. 그리고 수술대에 오르는 날, 너무 무서워서 아들을 대동하고 길을 나섰다.

다행히 수술은 성공적이었다. 나는 안경을 벗어던지고 다시 새롭게 태어날 수 있었다.

건강한 눈을 얻은 나는 매일 저녁 아무리 피곤하고 힘들어도 책을 몇 장이라도 읽는다. 책은 인생의 후반전을 가르치는 학교라는 생각으로 열심히 읽고 있다.

책을 잘 읽을 수 있어서 더 행복해졌다. 무지함을 살찌우지 않으려 노력하는 내 자신이 만족스러워 행복은 배가 되었다.

내가 정말 하고 싶은 게 또 하나 있었다. 바로 살을 빼는 것이다.

나는 얼굴이 커서 큰바위얼굴이라는 놀림을 받는 사람이다. 이 큰 얼굴 덕분에 옷을 펑퍼지게 입으면 당장 살쪘냐는 말부터 듣는다. 그렇다고 옷을 몸에 딱 맞게 입으면 어김없이 살 빠졌다는 말이 따라온다. 이런 이유들로 인해 나는 살이 찌면 안 되는데, 그게 잘 안 된다. 매일 "나 살 빼야 되는데."라는 말만 입에 달고 산다. 아침마다 입을 옷을 고르는 게 엄청난 스트레스다.

그러던 어느 날 '김미경 TV'를 보다가 희소식을 듣게 되었다. 살을 다 같이 빼는 '러브 미 다이어트'를 한다는 것이다.

"앗싸! 이번에 나 살 뺀다."

나는 기다렸다는 듯이 나에게 들으라고 소리를 질렀다.

러브 미 다이어트란 100일 동안 김미경 강사의 가르침을 받고 서로서로 힘을 받아 다이어트를 하는 프로젝트이다. 나는 김미경 강사도 10kg을 빼서 남들의 부러움을 한 몸에 받고 있는 것을 알고 있는 터라 기회는 이때다 싶어 동참하기로 했다. 그리고 열심히 따라 해서 5kg을 빼는 데 성공했다.

나는 자기 자신의 살을 떼어낸 사람들은 이 세상에 못 할게 없다고 생각한다. 때문에 다이어트에 성공한 사람들을 만나면 존경을 담은 표정으로 쳐다보곤 한다. 단순히 날씬해진 몸에 박수를 보내는 것이 아니다. 무언가 마음먹은 바를 움직이고 행동해서 이루어냈다는 점을 높이 평가하는 것이다. 내가 눈수술을 감행한 것도 이런 차원에서 봐 주기를 바란다.

이제 내가 살을 5kg 떼어내니 내 자신이 자랑스러웠다. 자신감도 부풀어 올랐다. 당연히 몸은 날아갈 듯이 가벼웠고, 아무 옷이나 걸쳐도 잘 맞아서 참 좋았다.

지금은 처음 줄어든 체중에서 1~2kg 정도 늘었지만 걱정은 없다. 다이어트에 한 번 성공하니까 언제든 또 뺄 수 있다는 자신감이 생겨서다.

〈이브자리〉는 침장업을 하는 기업이지만 건강과 미를 이끄는 기업이기도 하다. 그런데 손님들이 뚱뚱한 직원을 본다면 아무래도 건강과 미를 연상하기 어렵다. 이런 이미지는 건강을 추구하는 〈이브자리〉 이미지와 맞지 않는다.

〈이브자리〉 직원들이 마라톤과 등산 모임에 열성을 보이는 것은 나와 같은 생각을 가진 사람들이 많기 때문이다. 실제로 〈이브자리〉에는 건강미가 넘치는 직원들이 많다. 그들은 회사를 위해서, 자신을 위해서 노력하는 사람들이다.

몸뿐만 아니라 무엇이든 이롭지 않은 살찌움은 성장을 가로막는다고 생각한다. 내가 독서에 매달린 것도 이롭지 않은 무지함을 살찌우지 않기 위함이었다. 여러분은 먼저 집 안을 둘러보기 바란다. 불필요한 가구들이 여기저기 놓여 있어 집 안 분위기를 망치고 있지는 않은지 살펴보자. 냉장고도 확인하자. 냉장고 문을 열자마자 무언가가 바닥으로 툭 떨어진다면 버릴 것이 많다는 이야기다.

매장에서 손님이 없다고 투덜대기만 하고 개선점을 찾지 않는다면 불평만 살찌우는 것이다. 한가하다고 텔레비전만 보고 있다면 게으름이 꾸역꾸역 불어나고 있는 것이다.

오늘의 '내' 모습은 어제까지 '내'가 보낸 시간들의 결과물이다. 그러므로 미래의 모습은 오늘의 시간들로 결정지어진다.

지금부터 필요 없다고 느껴지는 것들은 덜어내자. 덜어내기도 성공을 향한 분명한 움직임이다.

말을 말로만 그쳤다가는

내가 책 공부를 시작하고 변한 것 중 하나는 말버릇이다. 물론 오십 평생 지켜온 말버릇을 하루아침에 싹 고친 건 아니지만, 그래도 내 말버릇이 좋지 않다는 것만큼은 분명히 깨닫게 되었다. 나는 한마디로 말을 예쁘게 할 줄 모르는 사람이었다. 이미 1장에서 다 고백했다.

이제 성공으로 이끌어주는 말의 비밀을 좀 더 깊이 파헤쳐보고자 한다.

내게는 생각만 해도 가슴 뛰는 말이 있다.

"의심하지 말고, 믿고 말하면 됩니다!"

혹자는 "뭐야?" 할 수도 있겠지만, 이 말은 사실이다.

솔직히 고백하자면 나도 처음에는 "뭐야?" 하며 코웃음쳤다. 그런데 주변에 이와 비슷한 말을 하는 사람들이 많았다. 책에도 자주 나왔다. 그래서 나는 이 말을 믿고 실천하기 시작했다.

우선 지금껏 살아오며 내뱉은 부정적인 말, 상처 주는 말, 함부로 던진 말 등을 되새겼다. 이미 해버린 말들을 없앨 수는 없으니 정화라도 시켜야겠다는 생각이 들었다. 그래서 내가 평생 나쁜 말들을 100번 했다면(물론 실제로는 100번이 훨씬 넘는다), '감사합니다'를 똑같이 100번 해서 죄를 씻자고 마음먹었다. 나는 정말로 죄를 씻을 수 있다고 믿고 마음먹은 바를 실천에 옮겼다.

두 번째로는 내가 뿌려놓은 나쁜 말들이 하나씩 없어진다는 믿음으로 좋은 말들을 달고 살려고 의식적으로 노력했다. 그래서 내가 지은 확언이나 좋은 글들을 종이에 써서 바인더, 책상, 화장대, 화장실까지 여기저기 붙였다

내가 제일 먼저 쓴 것은 '나의 기도문'이었다. 나는 이것을 부엌 찬장과 내 화장대 거울에 붙였다. 아들이 "엄마, 왜 그래?" 하고 한마디 할까봐 슬슬 눈치를 보면서.

그럼 이 자리에서 '나의 기도문'을 공개하도록 하겠다.

나의 기도문

이 땅에 저를 보내신 하나님!

저를 인도하소서.

당신이 제게 허락한 일을 할 수 있는 지혜와 힘을 주소서.

스스로 생각하고 변화하고 배우는 이가 되게 하소서.

그리고 내 아이에겐 희망과 용기를 주는 어미가 되게 하소서.

저를 향한 당신의 끝없는 사랑에 대한 보답으로 마지막까지

나눔을 생각하게 하소서.

이 글을 써서 붙이고 나자 뭔가를 이룬 기분이 들었다. 그런 기분이 좋아서 몇 번을 읽고 또 읽었다. 노력하려고 하는 내 자신이 기특하고 대견했다.

이 기도문을 계기로 나는 말을 예쁘게 하면서 확언도 하기 시작했다.

"나는 뭐든지 잘할 수 있다."

"내가 말을 하면 꿈이 이루어진다."

"나는 잘될 수밖에 없다."

"돈이 나를 아주 좋아한다."

"나는 돈이 매일매일 들어온다."

"나는 정말 행복한 사람이다."

"괜찮아. 나는 잘될 거야."

"잠깐 지나가는 거야. 아무 일 없을 거야. 곧 괜찮아질 거야."

내가 한 말들이지만 처음에는 입에 잘 달라붙지 않았다. 말을 하고도 혼자 민망해 웃은 적이 많았다.

중요한 것은 말을 말로만 그치지 않았다는 사실이다. 나는 실제로 내가 지어낸 말들처럼 살려고 몸부림쳤다. 그러면서 그동안 내가 잘못 살았다는 것도 깨달았고, 바라봐야 할 삶의 지침도 찾아냈다. 그러자 꿈과 희망도 나에게 얼굴을 보여주기 시작했다.

사토 미쓰로의《하느님과의 수다》(인빅투스)에는 이런 내용이 나온다. 입 밖으로 내뱉은 말 중에 '분하다', '부럽다'는 본인이 할 수가 없다는 생각이 들 때 나오는 말이라는 것이다.

그래서 '분하다', '부럽다' 하지 말고 '멋지다'라는 말이 나오게 노력하라고 일러준다. 부자나 성공한 사람들을 보면 "멋지다!"라고 축복의 말을 건네자는 것이다. "멋지다!"라고 칭찬을 하면, "나도 언젠가 당신처럼 할 수 있다."라는 선언을 하는 것이라고 한다.

나는《하느님과의 수다》의 책장을 덮은 다음부터 한 번도 '부럽다', '분하다'라는 말을 사용하지 않았다. 자신이 불가능하다는 생각에서 나온다고 하는 그 말들을 굳이 쓸 필요가 없었다.

나의 어머니는 내가 항상 말을 본데없이 한다고 야단을 친 적이 많다. 나쁜 말버릇에 대한 꾸지람이다. 여러분도 혹시 말을 본데없이 하고 있지는 않은지 묻고 싶다.

성공을 꿈꾸는 사람은 많다. 그런데 성공하려면 자기 자신이 바뀌어야 한다는 사실을 모르는 사람은 더 많은 듯하다. 알아도, 자신을 바꾸는 데에 인색한 경우가 또 빈번하다.

성공을 원하고 자신을 바꾸고 싶다면 지금부터 좋은 말을 입에 달고 살아야 한다. 그리고 입 밖으로 나온 말에는 책임을 져야 한다.

말은 약속어음이 되어야 한다.

성공을 결심한 다음에

나는 성공해야겠다고 뼈저리게 결심한 적이 두 번 있었다.

15년 전 대리점을 운영할 때의 일이다. 엄청 추운 겨울날 저녁에 한 손님이 찾아왔다. 손님은 오늘 이사를 왔는데 침대세트 3개를 늦은 시각에 배달을 해달라고 부탁했다.

약속한 배달 시간이 다가와 매장의 작은 방에서 놀고 있던 아들을 불렀다. 멀지 않은 곳이기에 아들을 잠깐 혼자 두고 얼른 다녀와도 될 것 같았다.

"엄마 배달 갔다 금방 올 테니까 놀고 있어."

"알았어, 엄마. 금방 와야 돼."

"응, 빨리 갔다 올게. 손님 오면 엄마 요 앞에 배달 갔다고 기다리시라 그래."

나는 상품을 챙겨 서둘러 매장을 나섰다. 얼른 배달을 마치고 돌아오는데, 매장을 코앞에 두고 신호가 막혀 시간이 지체되었다. 나는 매장 쪽을 쳐다보다가 깜짝 놀랐다. 내복만 입은 아들이 맨발에 슬리퍼 차림으로 매장 앞에 나와 있었다. 아들은 겨드랑이에다 뭘 잔뜩 끼고서 지나가는 손님들에게 하나씩 나눠주고 있었다. 자세히 보니 사은품으로 쓰고 있는 '부자 되는 지갑'이었다. 아들은 고사리손으로 그것을 나눠주며 추워서 발을 동동 구르고 있었다. 지나가는 손님들이 아들에게 손짓을 했다. 추우니까 얼른 들어가라고 하는 것 같았다. 아들은 딴엔 추위를 버텨보겠다고 내복을 길게 잡아당겨 그 안으로 손을 숨기고 있었는데, 겨드랑이에 있는 사은품이 떨어질세라 몸에 잔뜩 힘을 주고 있었다.

나는 그 모습을 보고 억장이 무너졌다.

황급히 주차를 하고 있는데, 엄마 차를 본 아들이 반가움에 큰 슬리퍼를 끌며 달려왔다. 겨드랑이에 악착같이 끼고 있던 부자 되는 지갑을 질질 흘리면서. 나는 아이를 번쩍 안아들고 매장 안으로 들어와 막 야단을 쳤다.

"엄마가 방에 가만히 있으라고 했는데, 왜 밖에 나갔어?"

"엄마 기다리려고."

"밖에 나갈 거면 옷 입고 양말도 신었어야지! 이게 뭐야? 손이 다 얼었잖아!"

"엄마 금방 오는지 알았지. 엄마, 나 너무 춥다."

"엄마가 미안해. 근데 손지갑은 왜 나눠준 거야?"

"전에 엄마가 손님한테 주기에 나도 손님 많이 오라고 줬지."

나는 더 이상 아무 말도 할 수 없어서 아이를 꼭 안아주기만 했다. 그리고 아들에게 미안해서라도 꼭 성공해야겠다고 다짐했다.

두 번째 이야기에도 역시 아들이 등장한다. 나는 매장을 하면서 게릴라 현수막을 자주 활용했다. 금요일 밤에 매장 문을 닫고 내건 다음 일요일 저녁에 걷는 것을 거르지 않고 했다. 또 일손을 빌리지 않고 내가 직접 했다. 단속이 심하지 않던 시절이라 가능했다.

하루는 금요일 장사를 끝낸 뒤 평소대로 현수막을 들고 나가려는데, 아이가 엄마를 따라가겠다고 했다. 아이가 꼭 돕겠다고 채근대서 춥지 않게 무장을 한 채 데리고 나갔다. 아직 아이가 어리지만 현수막 끈이라도 잡아주면 훨씬 수월하고, 또 아이도 엄마랑 같이 있으면 좋겠다는 생각에 그렇게 했다.

아들과 공동 작업이 시작되었다. 바람이 심하게 불어 힘들게 현수막 끈을 묶고 있는데, 아이는 바람이 부니까 좋다고 이리저리 뛰어다녔다. 그러고 있는 사이 갑자기 눈바람이 몰아치기 시작했다. 시작부터 어찌나 기세가 등등한지 정신이 없을 정도였다. 나는 아들을 곁으로 오게 하고 서둘러 현수막 끈을 묶었다. 하지만 눈바람이 시야를 방해하고 손까지 시려서 제대로 묶을 수가 없었다. 엄마가 애를 먹든 말든 아들은 "엄마, 눈! 눈!" 하면서 강아지처럼 즐거워했다. 그 모습을 보자 문득 서러움이 밀려왔다.

'내가 왜 이렇게 살아야 하나?'

까르르까르르 뒤집어지는 아들 몰래 나는 비 오듯이 울었다. 다행히 눈비 때문에 아들은 엄마의 눈물을 눈치 채지 못했다.

그날 나는 이를 악 물었다. 그리고 결심했다. 반드시 성공하겠다고 말이다.

하지만 매장을 10년이나 운영하는 동안 나는 큰부자로는 살지 못했다. 실패한 것은 아니지만 성공했다고 말하기는 어렵다. 이를 두 번이나 악물었는데 왜 그랬을까?

그 이유를 나중에서야 성공한 사람들을 만나고, 또 공부를 하면서 알게 되었다. 나는 결심을 한 채 소처럼 일만 했지, 내가 성공한 모습을 마음속으로 생생하게 그리는 습관이 없었다. 구체적인 목표를 세운 다음 그 목표를 이루었을 때를 상상하며 체계적으로 진행해야 하는데, 나는 그저 '성공하겠어!' 하는 마음만 먹고 마구잡이로 일했던 것이다.

성공한 사람들 대부분은 목표를 공식처럼 종이에 써서 시각화했다고 한다. 나아가 성공을 붙잡았을 때를 상상하며 기뻐했다고 한다. 지금은 나도 그들처럼 하고 있다.

한 예로, 100일 동안 세 개의 소원을 세 번씩 적어 나름 시각화를 시켜놓고 잠자리에 든다. 그리고 일어나자마자 세 개의 소원이 이루어진 모습을 상상하며 즐거워한다. 또한 목표를 여기저기에 적어두기도 하는데, 적은 것을 늘 갖고 다닌다. 그렇게 지니고 다니면서 성공을 이룬 순간을 마음에 그린다.

성공한 사람들은 목표를 이루겠다고 선포도 했다. 선포를 하면 책임감이 더해져 성공을 위해 스스로를 더욱 채찍질하게 된다. 1장에서 언급했지만, 현재 나는 예쁜 새 책장에 읽은 책을 빽빽이 채우려는 목표를 갖고 있다. 이 목표를 세웠을 때 "기다려! 내가 읽은 책으로 너를 다 채울게!" 하고 선포했었다. 그 선포가 허풍으로 끝나지 않기 위해 부지런히 목표를 향해 가고 있다.

작은 목표들이 모여 큰 성공을 이룬다고들 한다. 나도 이 말을 믿기에 오늘도 작은 목표에 매달려 세상을 달리고 있다.

여러분도 일단 목표를 큰 종이에 크게 적어 붙이기를 바란다. 그리고 그 종이를 바라보며 상상하고, 선포하자. 나폴레옹도 "성공하기 위해 먼저 성공을 상상하고 그렸다."라고 말했다. 나폴레옹 같은 역사적 인물이 한 말이니 믿어도 도끼에 발등은 안 찍힐 것 같다.

마지막으로 《꿈꾸는 다락방》의 이지성 작가가 만든 'R=VD'를 소개한다. 이것은 꿈을 현실로 만드는 공식이라고 부른다. 이 공식을 풀이하면 '생생하게vivid' '꿈꾸면dream' '이루어진다realization'이다. 여러분도 이 공식을 여러분의 꿈과 소원에 적용했으면 좋겠다.

책 읽기를 권합니다

2018년 여름은 유난히 더웠다. 개인적으로도 몹시 고단한 여름을 보냈는데, 일기도 안 썼던 내가 책을 쓰겠다고 글과 씨름을 한 탓이다. 이제 자판에서 손을 떼려고 하니 지난 시간이 주마등처럼 스친다. 그래도 글을 쓰는 동안 지난 세월을 되돌아볼 수 있어서 참 행복했다.

이제 나의 첫 책과 함께 한 발 더 나아가려고 한다. 소중한 인연들과 더불어 더 열심히 살아보고자 한다. 그리고 마지막으로 여러분에게 한 번만 더 잔소리를 건넨다.

"원하는 것이 있으면 반드시, 끝까지 찾으려고 노력하십시오. 그러면 세상이 당신을 도와주고 길을 열어줄 것입니다."

길을 열어주는 세상, 이것이 바로 내가 만난 세상이다.

나는 이제 또 다른 소통 창구에서 여러분과 희망을 이야기하고 싶다. 유튜브에서 운영하고 있는 1인 방송 '남다른 TV'가 즐거운 만남의 광장이 되기를 꿈꾼다.

"많은 응원 부탁드립니다. 그리고 저는 여러분을 응원합니다!"

이브자리와 인연을 만들어준 두 친구, 박홍근 홈패션의 이선희 대표와 울산에서 잘살고 있는 이상숙 씨, "감사합니다!"

항상 힘이 되어준 가족, "사랑합니다!"

이브자리 고춘홍 사장님과 임직원 여러분과 전국의 대리점 식구들, "평안하십시오!"

그저 살아온 경험을 글로 써서 희망의 메시지를 전달하라고 힘을 준 조성민 작가님, 책을 가까이 할 수 있게 도움을 주신 3P 강규형 대표님, 글쓰기를 친절하게 가르쳐 주신 조영석 소장님, 그리고 부족한 글이 세상으로 나올 수 있게 힘이 되어준 바이북스의 윤옥초 대표님과 편집부 직원들의 은혜도 이 시간 깊이 새긴다.

모두 지금의 나를 낳아준 사람들이다. 이들에게 기쁨을 주기 위해서라도 나는 끊임없이 움직이고 행동할 것이다.

2019년 새해 아침에 소원을 이루며
남윤희